ÁGIL
DO JEITO CERTO

Darrell Rigby • Sarah Elk • Steve Berez

ÁGIL
DO JEITO CERTO

Transformação sem caos

Tradução
Ada Felix

BAIN & COMPANY

Benvirá

Copyright © 2020 Bain & Company Inc.

Publicado mediante acordo com a Harvard Business Review Press
A cópia ou a distribuição não autorizada desta obra constitui violação de direitos autorais
Título original: *Doing Agile Right: Transformation Without Chaos*

Revisão técnica Mariana Zaparolli Martins, especialista em Agilidade da Bain & Company
Preparação Patricia Quero
Revisão Laila Guilherme
Diagramação Adriana Aguiar Santoro
Capa Adaptada do projeto gráfico original de Jason Booher
Impressão e acabamento Edições Loyola

Dados Internacionais de Catalogação na Publicação (CIP)
Angélica Ilacqua CRB-8/7057

Rigby, Darrell

Ágil do jeito certo : transformação sem caos / Darrell Rigby, Sarah Elk, Steve Berez ; tradução de Ada Felix. – São Paulo : Benvirá, 2020.

264 p.

ISBN 978-85-5717-372-9
Título original: *Doing Agile Right: Transformation Without Chaos*

1. Administração de projetos 2. Administração de empresas 3. Administração ágil 4. Liderança 5. Sucesso nos negócios I. Título II. Elk, Sarah III. Berez, Steve IV. Felix, Ada

20-2353	CDD 658.406
	CDU 658.012.2

Índice para catálogo sistemático:
1. Administração ágil

1ª edição, agosto de 2020 | 5ª tiragem, maio de 2023

Nenhuma parte desta publicação poderá ser reproduzida por qualquer meio ou forma sem a prévia autorização da Saraiva Educação. A violação dos direitos autorais é crime estabelecido na lei n. 9.610/98 e punido pelo artigo 184 do Código Penal.

Todos os direitos reservados à Benvirá, um selo da Saraiva Educação.
Av. Paulista, 901 –4º andar
Bela Vista – São Paulo – SP – CEP: 01311-100

SAC: sac.sets@saraivaeducacao.com.br

| CÓDIGO DA OBRA | 703672 | CL | 670947 | CAE | 732202 |

*A todos aqueles que acreditam, como nós,
que grandes empresas devem produzir pessoas
melhores — e aos colegas e clientes que tornam nosso
trabalho e nosso crescimento tão gratificantes.*

Sumário

Introdução: A empresa sem equilíbrio 9

1 | Como o ágil realmente funciona 33

2 | Escalando o ágil 57

3 | Quão ágil você quer ser? 87

4 | Liderança ágil 109

5 | Planejamento, orçamento e revisão ágeis 129

6 | A agilidade da organização, das estruturas e da gestão
  de pessoas 145

7 | Processos e tecnologia ágeis 165

8 | Ágil do jeito certo 187

Apêndice A: Manifesto ágil de uma equipe de liderança 217

Apêndice B: Definição de componentes do modelo
  operacional 225

Apêndice C: Notas sobre a pesquisa 229
Notas 253
Agradecimentos 261

Introdução
A empresa sem equilíbrio

O "agile" – a filosofia de trabalho na qual times auto-organizados avançam a um ritmo acelerado na busca de inovações – chegou oficialmente ao mainstream da gestão corporativa. Hoje, um giro por quase toda empresa de grande porte vai revelar dezenas de times ágeis trabalhando para melhorar experiências do cliente e processos de negócios. A John Deere já adotou métodos ágeis para desenvolver novos equipamentos agrícolas, a seguradora americana USAA utilizou para transformar o atendimento ao cliente, a 3M se beneficiou do método para um vasto processo de integração pós-fusão. A Bosch – multinacional de tecnologia e serviços com mais de 400 mil colaboradores – adotou princípios ágeis para conduzir uma reestruturação passo a passo da empresa. Nativas digitais como Amazon, Netflix e Spotify já incorporaram métodos ágeis a uma leva imensa de atividades de inovação. Enquanto isso, o ágil praticamente tomou conta da área de TI (Tecnologia da Informação) – ela própria fonte de inúmeras inovações. Pelos últimos cálculos, 85% dos desenvolvedores de software estavam usando técnicas ágeis no trabalho.[1]

O motivo da rápida disseminação do ágil não é difícil de entender – e tampouco surpreende. Para a maioria das grandes empresas, curvadas sob o peso de estruturas e procedimentos de organizações hierárquicas e burocráticas, inovar é difícil. A agilidade libera o espírito inovador que tantas organizações sufocam. Ajuda a empresa a reformular tanto o que oferece a seus clientes quanto a forma como opera internamente, transformando o ambiente e tornando o trabalho das pessoas muito mais gratificante.

Pode parecer exagero, mas é tudo validado por dados. Inúmeros estudos demonstram, de forma conclusiva, que times ágeis são muito mais capazes de produzir inovação do que equipes na abordagem tradicional de trabalho. Avanços chegam mais rápido e com menor custo. A satisfação e o engajamento do pessoal crescem. Sem contar que é possível adotar a agilidade sem ter que criar uma divisão de negócios separada ou ocultar skunkworks* do comando da empresa. É possível estruturar times ágeis em qualquer negócio ou função que possa se beneficiar disso, incluindo nas operações da matriz de uma grande corporação. Depois de aprender o básico, a empresa pode expandir – "escalar" – o ágil, criando centenas de times separados ou "times de times" para tocar grandes projetos. Como exemplo, é possível citar a divisão aeronáutica da Saab, que adotou mais de cem times ágeis para desenvolver software, hardware e fuselagem para o caça Gripen, um jato de 43 milhões de dólares que é, sem sombra de dúvida, um dos produtos mais complexos do planeta – e, segundo a *Jane's*, uma revista especializada no setor, a aeronave de uso militar com a melhor relação custo-benefício do mundo.

Ou seja, o ágil está se espalhando, e times ágeis estão, de modo geral, atingindo seus objetivos. Ao que parece, há um progresso animador rumo a uma visão admirável. Qual, então, o problema com esse retrato?

Com a ideia fundamental, não há absolutamente nada de errado. Somos consultores de gestão de negócios e já vimos o poder e o poten-

---

* Trata-se de um projeto inovador desenvolvido por um grupo de pessoas de forma livre e não convencional. [N. R. T.]

cial da agilidade em centenas de empresas ao redor do mundo. Ajudamos muitas dessas empresas a adotar o ágil e nos incluímos entre seus maiores fãs.

Mas, como costuma ocorrer com muita ideia boa, nem sempre a realidade faz jus à promessa. O ágil se alastrou com tal rapidez que ameaça escapar do controle. Para cada empresa que aplica bem a filosofia, há várias outras que não entendem ou usam mal a ideia. É o caso daquelas que acreditam em promessas mirabolantes de algum fanático. Ou que embarcam em uma transformação ágil sem saber bem o que isso realmente significa, ou até mesmo das que usam a terminologia ágil para camuflar objetivos que nada têm a ver com agilidade.

Em muitas empresas, o efeito desse uso incorreto é o caos – não uma mudança construtiva. Só que o estrago não fica circunscrito a uma experiência isolada. Quando utilizado do jeito errado, o ágil quase sempre produz resultados ruins, os quais, por sua vez, geram clientes nervosos, funcionários insatisfeitos, insurreição entre investidores e uma campanha para trocar a equipe na liderança. Quando isso ocorre, quem chega para substituí-la naturalmente vê com suspeita qualquer estratégia que tenha levado à queda da cúpula anterior. O novo líder tende a fazer uma faxina geral na casa, dissolver times ágeis e (com frequência) lançar uma rodada de cortes. É uma variação da lei de Gresham: o ágil ruim expulsa o bom. Se isso ocorrer com muita frequência, o ágil vai perder credibilidade – e o mundo empresarial estará de volta ao ponto de partida, com empresas curvadas sob o peso da burocracia, lutando desesperadamente para acompanhar o ritmo de jovens rivais e mercados em rápida evolução.

Nossa ideia com este livro é trazer o ágil de volta à razão, é separar o "ágil do jeito certo" do "ágil do jeito errado". Aqui, na Introdução, vamos focar nos equívocos, nos tropeços e nas armadilhas – nos erros já cometidos por empresas que não entenderam ou usaram mal o ágil. Nossa esperança é que esses casos infelizes sirvam de alerta e deixem o leitor vacinado contra a ideia de que o ágil é uma solução milagrosa.

Apresentaremos também algumas das ideias a serem discutidas nos capítulos seguintes, os quais mostrarão como ser ágil do jeito certo. Vamos dar um roteiro desses capítulos e resumir a pesquisa na qual se baseia o livro. Fazer o ágil do jeito certo pode até exigir mais tempo e experimentação do que fazê-lo do jeito errado – mas é a única maneira de conseguir os resultados que a filosofia promete.

Ágil do jeito errado

Numa fala famosa do filme *A princesa prometida*, o espadachim Iñigo Montoya chama a atenção do ardiloso Vizzini: "Você não para de repetir essa palavra. Não acho que significa o que você acha que significa". O mesmo acontece com a agilidade. Os executivos frequentemente não entendem como funciona o ágil e onde e por que deu certo. Mas, mesmo assim, seguem usando a terminologia e fazendo suposições sobre a agilidade que simplesmente não são corretas.

Parte da confusão se deve ao fato de que métodos ágeis – sobretudo os relacionados à expansão do escopo e da escala de times ágeis de inovação – ainda são uma relativa novidade e de que muitos líderes de empresas ainda não entendem bem o assunto. É comum ouvir, por exemplo, que o ágil é formidável, mas só para inovações que envolvam tecnologia e para áreas de TI a cargo dessa inovação. Ouvir isso seria uma surpresa para a National Public Radio, a rede americana de emissoras de rádio públicas, que já usou métodos ágeis para criar novos programas, bem como para o pessoal que desenvolveu o caça Gripen ou eletrodomésticos da chinesa Haier e para as inúmeras empresas que vêm usando a agilidade para reformular a cadeia de suprimentos. É verdade que, no passado, o ágil se espalhou mais rapidamente na área de TI; hoje, porém, é empregado com grande sucesso em muitos outros contextos, e em alguns deles o peso da tecnologia é mínimo.

Em outros casos – e é com pesar que dizemos isso –, o problema reflete uma certa dose de cinismo da parte dos líderes. Vejamos o caso do comunicado à imprensa que Edward S. Lampert, CEO da Sears, divulgou em 2017: "Além da meta de redução de custos anunciada hoje, continuamos a avaliar o modelo operacional e a estrutura de capital como um todo para nos tornarmos uma varejista mais ágil [...] e inovadora, focada na experiência de membros".[2] Nesse contexto, ágil é um eufemismo para demissões. E Lampert não é o único. Todo mês, recebemos novas solicitações de propostas que começam mais ou menos assim: "O objetivo do projeto (caso vocês aceitem) é reduzir as despesas operacionais em 30% no ano corrente e migrar a organização para formas ágeis de trabalho e tecnologia digital".

Quem envia uma proposta desse tipo não entende que há incompatibilidades básicas entre cortes grandes e caóticos e a agilidade. Primeiro, porque grandes demissões tendem a ocorrer em ondas direcionadas por reestruturações precipitadas ou ciclos orçamentários anuais, o que é algo diametralmente oposto aos processos de aprendizado e adaptação contínuos exaltados na agilidade. Segundo, porque altos executivos costumam se reunir a portas fechadas para planejar cortes, resultando em novas estruturas e metas definidas, o que vai contra o princípio ágil de empoderar quem está mais próximo do trabalho a identificar oportunidades para melhorar. O pior de tudo é que os líderes que tentam associar a agilidade com cortes e demissões estão dando, sem querer, um exemplo de comportamento antiágil. Estão criando eventos preditivos, no estilo "comando e controle", em vez de uma cultura ágil de "teste e aprendizagem". Além disso, estudos mostram que grandes cortes aumentam a aversão a riscos e desaceleram a inovação. As pessoas lutam para dominar novas funções, brigam pelo controle de atividades importantes – não importa o que o organograma diga. Fazem de tudo para garantir que no próximo ano, quando a música provavelmente vai voltar a parar, tenham uma cadeira para sentar. E, mais que tudo, tentam fazer o mesmo de sempre, que é o que sabem fazer – mas com menos gente. Ou seja, não é um ambiente propício à agilidade.

Há ainda outra forma de equívoco, que não é causado por pura ignorância ou cinismo. Estamos falando de erros disseminados por partidários bem-intencionados do ágil e vendidos a times de liderança que desejam desesperadamente tornar a empresa mais ágil e inovadora, mas que não entendem bem como funciona a agilidade. No trabalho que fazemos com centenas de empresas lançando milhares de iniciativas ágeis, em geral deparamos com três erros tóxicos.

Ágil em toda parte

Alguns gurus da agilidade vendem a abordagem como uma panaceia que deve substituir toda a burocracia: em toda empresa, em toda unidade de negócio, em cada função.

Peguemos um caso, de uma companhia que chamaremos de MagicAgile (a empresa é real, mas não vamos identificá-la, porque nossas conversas com seus líderes foram em caráter confidencial). O pessoal dessa empresa queria agir como disruptores digitais – queria ser como o Spotify, o serviço de streaming de música conhecido por seus times ágeis de inovação. Com isso em mente, a MagicAgile espalhou times ágeis por toda a organização, reorganizou o espaço de trabalho para criar mais áreas abertas e lançou inovações ligadas à experiência de clientes e funcionários. Aos olhos de evangelistas do ágil, a MagicAgile era um caso de sucesso – ou parecia ser, se ignorarmos o fato de que perdeu cerca de metade do valor de mercado de 2018 até o início de 2019 (ou se pudermos afirmar, na caradura, que teria sido ainda pior sem a transformação ou que o retorno dos acionistas não tem nenhuma importância). Em conversas francas que tivemos com a equipe gestora da MagicAgile, no entanto, quase todo executivo expressou frustração com consequências menos visíveis. Ouvimos coisas do gênero:

- "O ágil criou um problema de liderança. Não há mais disciplina, nem alinhamento. É um caos."

- "Fomos longe demais. Agora só se fala em 'liderança servidora' ('servant leadership') e segurança psicológica. Ninguém mais usa a palavra *gerente*, e todos os gerentes estão escondidos."
- "A responsabilidade por resultados financeiros já está ficando confusa."
- "Nossos líderes são criticados e ignorados quando tentam dar orientação estratégica para as unidades de negócios."
- "Agilidade virou o objetivo. Estamos orando no altar de uma igreja falsa."

O que os fanáticos do "ágil em toda parte" não conseguem entender são as virtudes comprovadas da burocracia – em certos lugares e contextos. A burocracia, hoje vista como a inimiga da mudança e da inovação, foi ela mesma uma das maiores inovações da história da administração de negócios. Autoridade hierárquica, divisão especializada do trabalho e procedimentos operacionais padronizados – pilares do método burocrático – permitiram o surgimento de empresas muito maiores do que antes. As faculdades de administração e os programas de capacitação das empresas ensinavam os princípios da burocracia como boas práticas de gestão, e as empresas aprenderam as virtudes da previsibilidade e do planejamento, fazendo com que burocratas fortes chegassem ao topo das organizações.

Hoje entendemos as limitações da burocracia. O grande sociólogo alemão Max Weber – que foi o primeiro a dar uma descrição sistemática da burocracia e entendia bem sua eficiência – alertou que ela poderia criar uma "gaiola de ferro", que aprisionaria o indivíduo em organizações desumanas e limitaria seu potencial.[3] Weber tinha razão: a maioria das pessoas hoje trabalha em burocracias, e grande parte delas sente-se desconectada do que faz. A preferência da juventude de hoje pelo trabalho em startups e empresas pequenas – e não por passar a carreira escalando a hierarquia de grandes corporações – reflete esse problema. Isso sem contar que burocracias são péssimas para inovar.

Só são eficientes quando as tarefas da organização – "o que fazer" e "como fazer" – são claras, estáveis, previsíveis. A inovação, por definição, não satisfaz nenhum desses critérios. Essas limitações contribuíram para a péssima reputação da burocracia e para o crescimento de abordagens antiburocráticas como o ágil.

Dito isso, imaginem as consequências adversas de incentivar variação, experimentação direcionada e descentralização de decisões – todos pilares da agilidade – em áreas como segurança de alimentos ou medicamentos, políticas contra discriminação e assédio, normas contábeis, segurança de aeronaves, controles de qualidade e padrões industriais. Toda empresa precisa tocar as operações de seu negócio, fabricando produtos segundo normas específicas e prestando serviços de forma previsível a clientes. E, para isso, toda empresa precisa de estruturas e procedimentos burocráticos, incluindo aprovações hierárquicas, divisão especializada do trabalho e procedimentos operacionais padronizados.

Resumindo, o desafio não é substituir a burocracia pela agilidade em todos os lugares, mas encontrar um equilíbrio entre as duas. Toda empresa precisa administrar o negócio e precisa saber *operar*. Toda empresa precisa, também, transformar o negócio, criando continuamente não só novos produtos e serviços, mas novos métodos e procedimentos operacionais. Precisa saber *inovar*. Embora cada tarefa dessas exija competências distintas, as duas não são inimigas. São habilidades complementares, interdependentes e mutuamente benéficas que precisam uma da outra para sobreviver. Um foco insuficiente na inovação produz uma empresa estática que não conseguirá se adaptar a novas circunstâncias. Uma ênfase insuficiente na operação cria caos – baixa qualidade, altos custos e riscos sérios para clientes e para a empresa.

Atualmente, a maioria das grandes empresas pende demais para o lado da burocracia, deixando à míngua a inovação – e criando organizações estáticas dedicadas a produzir resultados previsíveis. É por isso que a agilidade é tão popular. Só que a solução não é fazer a balança pender completamente para o outro lado. É preciso manter normas burocráticas e hierarquias onde for necessário, humanizando-as o máximo possível, e, ao mesmo tempo, acrescentar uma dose saudável de agilidade onde for apropriado. Pode parecer simples, mas não é. Agilidade e burocracia são como azeite e vinagre: bons juntos, mas difíceis de misturar (às vezes, os dois agem mais como ácido nítrico e glicerina, levando a explosões). Times ágeis são feitos para agir com rapidez. O time testa novas ideias – em geral antes mesmo que estejam totalmente formadas – e pede o feedback de potenciais clientes. Não respeita a burocracia e não segue planos à risca. Para que dê certo em uma organização, um time desses precisa de muita liberdade e muito apoio. Burocracias, naturalmente, são o exato oposto: para funcionar, precisam de um rígido controle, além de saber exatamente o que uma equipe fez até aquele momento, o que planeja fazer nos próximos 12 meses e quanto isso vai custar. Para uma burocracia tradicional, um time ágil pode parecer um corpo estranho infectando o organismo. Como as células T no sistema imunológico, os burocratas costumam achar que seu papel é eliminar a infecção ou, no mínimo, limitar o dano.

Em uma empresa verdadeiramente ágil, burocracia e inovação são parceiras. Criam um sistema no qual ambos os elementos melhoram e no qual os indivíduos nas duas frentes colaboram para gerar resultados superiores. Neste livro, vamos mostrar como harmonizar as duas.

Vamos todos ser ágeis

Frederick Winslow Taylor quis converter a arte da administração burocrática em ciência. Nos anais da administração, seus estudos de tempos cronometrados são um clássico. Em *Princípios de administração científica*, obra de 1911, Taylor apresentou quatro princípios fundamentais: 1) gerentes planejam o trabalho, trabalhadores o executam; 2) gerentes analisam cientificamente os métodos mais eficientes de trabalho para os trabalhadores; 3) gerentes cientificamente selecionam e treinam os trabalhadores para cada função, de acordo com suas aptidões; e 4) gerentes supervisionam rigorosamente os trabalhadores durante a execução do trabalho.[4] Na época, os métodos de Taylor foram duramente criticados por tratar o homem como mera máquina. Mas sua filosofia pegou e, com efeito, sobreviveu muito além de seu criador. Até hoje, empresas têm inúmeros gerentes e executivos tayloristas de coração. E, quando um taylorista tenta implementar o ágil, o resultado é catastrófico.

Normalmente, funciona assim: os líderes da empresa planejam a transformação ágil para os subordinados, não para eles mesmos. Criam um "escritório de gestão de programa" todo-poderoso para conduzir a mudança. Esse escritório produz orçamentos detalhados, traça metas e cria cronogramas de atividades (com direito a diagrama de Gantt e relatórios de acompanhamento com semáforos, ou stoplight) para garantir que o plano seja cumprido. Cria uma série de times ágeis, em geral liderados por tayloristas que acabaram de receber dois dias de treinamento sobre agilidade. Quando um desses times registra uma vitória, por mais tênue que seja, os gestores do programa proclamam o feito aos quatro ventos, para tentar convencer o público interno, e o externo, de que a iniciativa está transcorrendo exatamente como planejado. Enquanto isso, a equipe de liderança segue agindo como sempre agiu, fazendo a supervisão e (muitas vezes) a microgestão dos subordinados, um grupo que agora passou a incluir membros de times ágeis. Esses líderes, em geral, dizem aos times não só o que fazer, mas como fazê-lo. Afinal, não é essa a função de um executivo?

Só que, com essa microgestão lá do alto, a agilidade morre antes de nascer. Todo o discurso do ágil sobre autogestão, sobre testar e aprender, começa a parecer embromação. E, seja como for, ferramentas da gestão hierárquica, top-down, não funcionam no ambiente ágil. Fora de seu devido contexto, benchmarks são inúteis. Planos preditivos geralmente dão errado, pois não reconhecem ou se adaptam a dinâmicas sistêmicas imprevistas. Usamos uma pesquisa chamada Bain Agility Quotient para diagnosticar a saúde e a maturidade de iniciativas ágeis em uma organização. Onde a abordagem taylorista é forte, diferenças de percepção entre altos executivos e membros de times são grandes. A cúpula executiva diz que as iniciativas ágeis da empresa são um sucesso e satisfatórias. Já os membros do time ágil, que estão mais próximos da ação, dizem que são decepcionantes e frustrantes, não muito distintas de uma força-tarefa tradicional. No começo, achávamos que os executivos estavam mentindo, mas depois descobrimos que estavam simplesmente por fora do que estava acontecendo. Estão tão distantes do trabalho ágil que sabem apenas o que os subordinados dizem – e os subordinados dizem apenas o que os chefes querem ouvir.

É verdade que certos times ágeis dão certo mesmo em empresas tayloristas. É que não aparecem no radar dos executivos e triunfam "apesar" da alta gerência – e não por causa dela. Mas uma transformação verdadeiramente ágil requer a participação ativa e o apoio dos líderes da empresa. Se quiserem realmente escalar a agilidade, o melhor que esses líderes podem fazer é dar o exemplo aos demais – em vez de enviar subordinados para eventos de treinamento. Eles mesmos precisam entender a agilidade, amar o ágil e aplicar os métodos em seus próprios times. Gandhi disse: "Se quisermos mudar o mundo, devemos começar por mudar a nós mesmos". Com a agilidade, é a mesma coisa.

O ágil como correção rápida

Uma série de empresas, diante de ameaças estratégicas urgentes e da necessidade de uma mudança radical, opta por uma transformação ágil total e irrestrita (um "big-bang") em certas unidades. Foi o que fez o banco ING Netherlands em 2015, já prevendo a crescente demanda de soluções digitais pelo público e a ameaça das novas rivais digitais, as fintechs. A liderança da companhia decidiu agir agressivamente: dissolveu as estruturas organizacionais das áreas mais inovadoras – incluindo desenvolvimento de TI, gestão de produtos, gestão de canais e marketing –, essencialmente eliminando a função de todos. Em seguida, foram criados pequenos times ágeis (chamados de "squads"), e quase 3.500 funcionários foram orientados a se candidatar a 2.500 posições, que foram reformuladas nessas squads. Cerca de 40% das pessoas escolhidas para as novas posições precisaram ser recapacitadas, e todas tiveram de mudar profundamente a mentalidade.[5]

A experiência revela inúmeros problemas com essa abordagem. Ela confunde e traumatiza a organização, além de deixar as pessoas sem saber para onde ir ou o que fazer. Ela assume como premissa que milhares de indivíduos, a maioria sem qualquer experiência ou conhecimento sobre agilidade, vão subitamente entender e trabalhar de acordo com os novos princípios. Embora convertidos radicais tenham proclamado publicamente o sucesso desse tipo de movimento, o resultado, de modo geral, fica aquém da promessa, que era irreal; muitas vezes, o valor de mercado cai (incluindo o do próprio ING), cerca de 30% ou mais. A portas fechadas, esses executivos e seus subordinados costumam ser mais ponderados, fazendo uma avaliação que soa mais ou menos assim: "Nossos líderes e nossa cultura não estavam preparados para uma mudança tão radical. Quanto mais repetíamos chavões como "é preciso arrancar o curativo de uma vez só" e "é um caminho sem volta", mais acreditávamos nisso. Mas ninguém na direção da empresa tinha trabalhado em um ambiente ágil. Não foram previstos os efeitos involuntários, nem nos preparamos para isso. Pior, perdemos gente muito boa, que foi tachada de obstrucionista por tentar alertar para as consequências. Nossa abordagem em relação à agilidade não foi muito ágil".

No quesito das correções rápidas, mais comum do que o big-bang é a ferramenta de inovação favorita do burocrata: copiar dos outros. É claro que os executivos chamam a coisa por nomes mais bacanas – benchmarking, inteligência competitiva ou virar um "fast follower" –, embora no fundo seja copiar, mesmo. O modelo favorito é o do Spotify, famoso pelo original vocabulário de squads (esquadrões), tribes (tribos), guilds (guildas) e afins. Tem até empresa que acaba copiando outra empresa que já tinha, ela própria, copiado o Spotify.

A lógica da imitação é sedutora. Pioneiros da agilidade, como o Spotify, passaram anos aprendendo e aplicando princípios ágeis. Por que não replicar esse sucesso em seis meses? Particularmente irresistível é a ideia de que, para tanto, basta copiar a estrutura organizacional e o ambiente de trabalho da pioneira. Mudando o organograma e a organização do espaço físico, o pessoal certamente vai passar a trabalhar de outra maneira. E, com uma nova forma de trabalhar, entregas ("outputs") e resultados ("outcomes") mudarão também. Não tem erro, certo?

Aí é que nos enganamos – e por vários motivos. Primeiro, porque organizações humanas (assim como o corpo humano) são sistemas complexos, o que significa que as variáveis interagem de modos distintos em ambientes distintos. Um medicamento bom para um paciente pode ser nocivo para indivíduos com outra genética, outro gênero, outra idade ou outra alimentação. Um líder que tenta copiar as estruturas de áreas de inovação de uma empresa e usá-las na organização inteira de outra companhia está fadado a produzir consequências indesejadas. O próprio Spotify é sofisticado o suficiente para entender isso. Seu modelo de engenharia foi desenhado para combinar com sua cultura singular, apoiado na confiança e na colaboração inerentes aos valores da área. Os times de engenharia do Spotify têm menos interdependências do que na maioria das organizações, pois seus produtos e sua arquitetura tecnológica são modulares. É por isso que imitadoras com linhas de produtos que exigem estreita coordenação de interdependências acabam criando estruturas de tribos que geram caos. O Spotify faz questão de alertar que seu modelo de engenharia está em constante evolução e que não deve ser imitado por outras empresas – nem por outras áreas da própria Spotify. Mesmo assim, a imitação continua.

Copiar uma estrutura organizacional alheia traz outro problema: a empresa sem querer acaba destruindo as estruturas de responsabilidades nas unidades de negócios e cria silos novos de times ágeis que são tão difíceis de integrar quanto os silos funcionais de sempre. Gerentes gerais que até então se sentiam no comando de suas unidades de repente se veem sem autoridade para fazer trade-offs difíceis. Resultados financeiros da unidade de cartão de crédito de uma empresa, por exemplo, tiveram uma piora expressiva quando importantes alavancas de receita e custo foram distribuídas entre várias tribos distintas – fora da esfera de influência do líder da unidade. Times ágeis devem suportar unidades de negócios devidamente definidas – unidades responsáveis por P&Ls [Profit and Loss] significativos. Não podem ignorar ou comprometer essas unidades sem colocar as estruturas de responsabilidades em xeque.

Um terceiro problema é que a gestão matricial traz complexidades inesperadas. Times ágeis são multidisciplinares, e estes, por definição, exigem organizações matriciais. Embora no papel o modelo matricial possa parecer fácil, frequentemente somos chamados para resolver problemas em empresas que criaram centenas de times ágeis e não conseguiram prever as inevitáveis disputas por território. Quem é responsável pelos times? Quem pode criar mais times? Deve haver unidades organizacionais separadas para times ágeis que mexem com tecnologia (às vezes chamados de times de produtos) e para as demais equipes de inovação? Quem arca com os custos dos times, como ficarão os direitos de decisão, como os times são medidos e reconhecidos – e por aí vai. Esses detalhes não são visíveis em um organograma. Facilmente passam batido, e é impossível copiá-los dos outros.

Mas o pior problema é que os imitadores não dominam o aspecto fundamental do sucesso na agilidade: a capacidade de aprender, evoluir, melhorar e crescer continuamente. Na tentativa de abreviar o processo, acabam não desenvolvendo a capacidade de adaptar, customizar e harmonizar todos os elementos de um sistema operacional. Uma transição ágil é uma jornada sem fim – não um "copiar e colar". As pessoas precisam de tempo para criar um novo modelo de operação e para se habituar a ele. Prever exatamente como determinada mudança afetará a organização é difícil, e daí ser essencial testar, aprender e escalar gradualmente.

Métodos ágeis, como todas as demais ferramentas de gestão, têm vantagens e desvantagens – e não eliminam os problemas. Quando usados da forma correta, em situações apropriadas, podem trocar um problema potencialmente desastroso por outro mais gerenciável, preferível. Times ágeis, pequenos e autônomos são mais felizes, mais velozes e de maior sucesso, mas também exigem mais coordenação e ciclos de planejamento e financiamento mais frequentes. Times ágeis eliminam camadas hierárquicas, mas menos camadas significam menos mudanças de cargo e promoções menos frequentes. Não prever nem abordar esses desafios vai deixar integrantes de times confusos e decepcionados. A melhor solução não é optar pelo ágil em detrimento de todas as demais abordagens de gestão, mas descobrir quando, onde e como usá-lo em combinação com outras ferramentas. Isso condiz com a "doutrina do meio-termo", proposta por Aristóteles há mais de 2.300 anos. É, também, uma via prática para chegar ao que outros, partindo da filosofia por trás da teoria da contingência e da Teoria Y, chamaram de organização ambidestra.

Ágil do jeito certo: um roteiro para o leitor

Em 2001, depois de quase uma década de uso de métodos de desenvolvimento de software conhecidos no setor como "lightweight", ou "leves", um grupo de 17 praticantes se reuniu para trocar ideias sobre os melhores métodos. O grupo rebatizou tudo que era lightweight de "agile" ("ágil") e criou um conjunto simples de princípios para definir o processo. O documento resultante – o Manifesto para Desenvolvimento Ágil de Software – ajudou centenas de milhares de equipes de desenvolvimento de software a adotar e aplicar práticas ágeis. Hoje, depois de quase uma década vendo empresas lutarem com o ágil em escala, estamos em uma situação parecida, pois já há experiência suficiente para analisar novos padrões de sucesso e fracasso. É preciso, portanto, erradicar conceitos e usos indevidos e equivocados do ágil em escala antes que o ágil ruim destrua o bom – antes que essa grande filosofia vá parar na lata de lixo da gestão, fazendo companhia a antigas febres como a da reengenharia de processos e a de círculos de qualidade. É hora de trazer mais sanidade, praticidade e equilíbrio ao movimento ágil. Eis o objetivo deste livro. Queremos que o ágil vire uma ferramenta valiosa e prática, em vez de outra moda decepcionante. Acreditamos que mentalidades e métodos ágeis podem trazer muito mais satisfação e sucesso às pessoas de uma organização. Queremos que, em cinco ou dez anos, nossos leitores relembrem sua transição para o ágil com uma sensação de orgulho e satisfação, e não com decepção e remorso.

Para quem este livro vai servir? Temos vários leitores em mente. Queremos ajudar altos executivos de grandes empresas – sobretudo aquelas tomadas pela burocracia – a transpor o abismo entre sua realidade burocrática e seu ideal ágil. Queremos ajudar os que estão apenas iniciando sua jornada ágil a evitar os erros que acabamos de descrever – e queremos ajudá-los a cultivar atitudes ágeis e hábitos de comportamento que produzirão resultados sustentáveis, em vez de caos. Se uma empresa já iniciou a jornada ágil do jeito errado, esperamos ajudá-la a reconhecer e a evitar contratempos antes que seja tarde demais. Naturalmente, suspeitamos que integrantes de times ágeis – e funcionários que colaboram com times ágeis – também usarão o livro para melhorar o próprio desempenho (e, quem sabe, recomendar a leitura a algum chefe contrário ao ágil). E esperamos que startups que já dominam práticas ágeis o usem para erguer empresas ágeis bem equilibradas à medida que expandam seu sucesso. Em todos esses casos, nosso propósito é ajudar todo mundo a adquirir hábitos ágeis que melhorem os resultados e aumentem sua satisfação.

Foi pensando em todos esses leitores que buscamos redigir um guia compacto, que possa realmente ser lido por pessoas sem tempo a perder. Cada capítulo foi concebido como uma etapa lógica e sustentável da transformação rumo a uma empresa ágil.

Capítulo 1: Como o ágil realmente funciona. Poucos executivos já viram um time ágil em ação. Um número ainda menor já participou ativamente de uma equipe dessas e quase nenhum liderou um time ágil. Sem essa experiência prática, fica difícil entender o que de fato é a agilidade. Nesse capítulo, apresentamos um caso em detalhe para mostrar o ágil em ação. Vamos explicar de onde veio a filosofia e descrever os elementos que a tornam um método de inovação tão diferente e mais efetivo.

Capítulo 2: Escalando o ágil. Expandir, ou "escalar", o ágil multiplica o grau de dificuldade, mas também pode trazer resultados excepcionais. Em certas organizações, escalar significa simplesmente criar mais times. Em outras, o objetivo é ter uma empresa verdadeiramente ágil que combine o uso abrangente de times ágeis com certas funções burocráticas, harmonizando a operação de ambos. Nesse capítulo, veremos a incrível transformação da Bosch e as etapas a serem percorridas para a criação de uma empresa ágil.

Capítulo 3: Quão ágil você quer ser? Mais agilidade nem sempre é melhor. Há uma faixa ideal de agilidade para cada empresa e para cada atividade dentro de uma empresa. E como determinar essa faixa? Será preciso encontrar o equilíbrio entre inércia e caos e fazer as escolhas necessárias. Será preciso um conjunto novo de métricas que indiquem quão ágil a empresa é, quão ágil deseja se tornar, se está avançando na direção certa e que restrições estão impedindo esse avanço. Nesse capítulo, mostraremos como lidar com essas questões usando métodos ágeis.

Capítulo 4: Liderança ágil. Liderar uma empresa ágil, como descobriu Henk Becker, da Bosch, não é o mesmo que liderar uma empresa convencional. Os líderes ágeis passam menos tempo supervisionando o trabalho dos subordinados. Eles agregam valor ao repensar a estratégia corporativa, liderar times ágeis cruciais, interagir com os clientes, fornecer mentoria a indivíduos e dar coaching a equipes. Mudar o próprio comportamento, reestruturar a rotina diária e adquirir novas habilidades é bem mais desafiador do que pedir aos outros que o façam – mas, também, muito mais valioso. Esse capítulo mostra como encarar o desafio.

Capítulo 5: Planejamento, orçamento e revisão ágeis. Sistemas de planejamento, orçamento e revisão ocupam um lugar central no modelo de comando e controle. Em empresas ágeis como a Dell, esses processos não são abolidos, mas construídos com a agilidade. São realizados em ciclos frequentes e adaptativos, fortemente embasados em subsídios recebidos das bases. Essas empresas priorizam imperativos estratégicos, mas acolhem iniciativas não planejadas. E comparam regularmente o desempenho real com o projetado para determinar se os planos e orçamentos precisam ser alterados.

Capítulo 6: A agilidade da organização, das estruturas e da gestão de pessoas. A tentação de simplesmente imitar a estrutura organizacional de uma empresa ágil é bem comum, pois quem copia acha que o novo arranjo fará toda a diferença. Mas isso não funciona; é preciso mais do que uma mudança de estrutura para derrubar silos e hierarquias. Empresas ágeis costumam rever com frequência todos os elementos do modelo operacional, incluindo papéis e direitos de decisão, além de sistemas de seleção e gestão de talentos. O próprio organograma pode ter de mudar também. Mas, para saber que ferramentas implementar, em que sequência e em que grau, é preciso testar, aprender, equilibrar e personalizar – e não imitar.

Capítulo 7: Processos e tecnologia ágeis. Empresas ágeis cultivam uma obsessão com o cliente, tanto interno como externo. O objetivo delas é aumentar a quantidade e a qualidade das soluções oferecidas a esses clientes. Essas soluções, no entanto, dependem dos processos que a empresa adota para produzi-las – processos que normalmente dependem da tecnologia em sua base. Certas empresas hesitam em iniciar a transformação ágil enquanto a tecnologia não estiver pronta para respaldá-la, o que pode levar anos. É sensato esperar? Ou isso só retarda desnecessariamente o início da transição?

Capítulo 8: Ágil do jeito certo. O último capítulo é uma síntese de tudo, propondo certas regras para evitar o uso incorreto do ágil e indicando as capacidades que se mostraram particularmente importantes para o sucesso ao escalar o ágil. Usamos o exemplo da Amazon, que criou os próprios sistemas, ferramentas e formas de trabalho altamente ágeis, com resultados que fizeram dela uma das empresas mais valiosas do mundo. Para encerrar, damos uma pequena lista de diretrizes indispensáveis para criar empresas ágeis e para que o leitor se torne um líder ágil.

Nesse processo, esperamos mostrar como uma empresa ágil traz avanços mensuráveis em resultados – não só financeiros, mas também na fidelidade do cliente, no engajamento dos profissionais internos e em benefícios para a sociedade. Este, é claro, é o único objetivo válido de uma transformação ágil: melhorar o desempenho e cumprir melhor o propósito da empresa. O ágil em si não é uma meta: é um meio para chegar a um fim. E não estamos falando só de números, mas de gente também. É sobre criar uma organização na qual pessoas talentosas tenham prazer em ir trabalhar todos os dias e na qual as grades da burocracia finalmente sejam derrubadas para que os seres humanos dentro dessa gaiola de ferro possam ser libertados.

Se você e seu time não estiverem se divertindo com o ágil, é porque não estão fazendo do jeito certo.

Nossa pesquisa

Histórias a respeito de times ágeis são divertidas e persuasivas – provavelmente mais persuasivas do que deveriam ser. O problema é que uma história pode ser facilmente manipulada pelo narrador para justificar sua tese (se não acredita, basta ver como uma mesma notícia é contada em dois canais de TV com ideologias diferentes). Na busca da verdade, um problema bem conhecido é o viés da confirmação: a tendência do ser humano a buscar e a crer em evidências que confirmem o que quer ouvir. É preciso indagar, portanto, se uma situação é representativa ou uma aberração estatística. Com que frequência ocorre? Com que frequência algo parecido produziu resultados negativos em vez de positivos?

Ao longo do livro, usaremos exemplos de agilidade e faremos todo o possível para narrar esses casos de forma neutra e detalhada. Antes, porém, queríamos colocá-los na devida perspectiva. O ágil é fundado no empirismo e no método científico, e reforça que toda hipótese deve ser testada e comparada com resultados do mundo real, em vez de confiar na intuição ou em teorias sedutoras. Se o ágil funciona, deve haver dados empíricos para colocar os relatos em um contexto estatístico realista. Assim, antes de começarmos a analisar *como* funciona o ágil, veremos primeiro o mais fundamental, que é *se* o ágil realmente funciona.

Antes de escrever este livro, estudamos todas as informações que pudemos encontrar sobre resultados de abordagens ágeis. Analisamos inúmeros relatos, incluindo centenas de nossos próprios clientes. Analisamos correlações indicadas por pesquisas de diagnóstico feitas por milhares de praticantes do ágil que monitoram seu progresso usando um instrumento nosso, o **Bain Agility Quotient**. Para que fôssemos o mais objetivos possível, também compilamos e analisamos 70 estudos de terceiros (o Apêndice C traz a relação completa desse material). A lista inclui artigos em publicações acadêmicas, livros, documentos governamentais, teses acadêmicas, material de congressos, estudos de consultorias, estudos de empresas e muito mais. Alguns desses estudos vêm sendo atualizados regularmente há anos; outros são metaestudos que resumem dados de vários deles. Alguns têm mais rigor acadêmico que outros. E provavelmente alguns passaram despercebidos por nós, o que sem dúvida não vai agradar seus proponentes. Pedimos desculpas por isso e prometemos continuar ampliando e atualizando nossa lista.

FIGURA I.1

Número de trabalhos de pesquisa encontrados, divididos por assunto

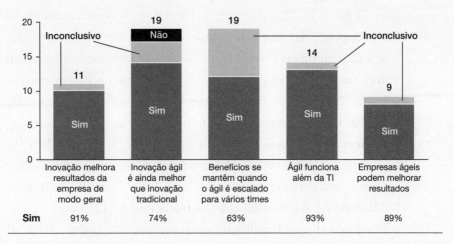

De modo geral, foi motivador achar um volume tão grande de dados empíricos. Encontramos evidências expressivas de que abordagens ágeis nos níveis de time, escala e empresa melhoram resultados (Figura I.1). Mesmo sem considerar nos estudos a qualidade da execução ágil nem descartar dados inconvenientes, encontramos poucos estudos sugerindo que, na média, as abordagens ágeis irão prejudicar os resultados. O que descobrimos, mais especificamente, foi o seguinte:

- *Mais inovação melhora resultados.* Se você está decepcionado com o desempenho da empresa, sentindo uma certa falta de equilíbrio e questionando se a organização deveria passar a investir mais ou menos em inovação, é bem provável que a resposta correta seja "mais". Mais de 90% dos estudos que analisamos mostram que inovar melhora os resultados da empresa. Nenhum mostra que prejudica. Aparentemente, poucas empresas chegariam a um ponto de rendimentos decrescentes por inovar demais. Alguns estudos sugerem que a cotação em bolsa talvez não reflita os benefícios futuros da inovação. Mas o mercado acionário é notório pela eficiência no longo prazo, e não pela precisão a curto prazo.
- *A inovação ágil é ainda melhor do que a inovação tradicional.* Encontramos 21 estudos sobre esse tema. Destes, 75% concluíram que o ágil é superior na hora de inovar e apenas 10% julgaram que o ágil não ajudava. É importante observar que, embora possam aumentar as chances de sucesso, os métodos ágeis não garantem o êxito. Um dos documentos mais famosos, o estudo do caos do Standish Group, vem comparando taxas de sucesso de abordagens ágeis *versus* tradicionais em projetos de TI desde 1994. O banco de dados desse estudo já tem mais de 50 mil projetos, e seus autores concluem que os projetos ágeis têm 60% mais probabilidade de sucesso do que os tradicionais (42% *versus* 26%) e um terço da probabilidade de insucesso (8% *versus* 21%). É um dado impressionante, mas uma taxa de sucesso de 42% não é 100%, e essas porcentagens só são relevantes se você estiver fazendo um volume de iniciativas ágeis suficiente para que a lei dos grandes números tenha efeito.[6]
- *Escala maior, com "times de times" ágeis, também melhora resultados.* Apesar do receio de que o ágil só seria bom para times isolados e não poderia ser satisfatoriamente escalado, estudos mostram o contrário. Embora taxas de sucesso no caso de problemas

grandes e complexos sejam menores (tanto com abordagens tradicionais como com ágeis), a relativa vantagem da agilidade sobre abordagens tradicionais na verdade aumenta à medida que cresce a complexidade.

- *A inovação ágil funciona além da área de TI.* Como observamos anteriormente, muita gente acha que o ágil teve início na TI e só funciona nessa área. Nenhuma das duas coisas é verdade. O ágil começou em outra arena, mas se estabeleceu rapidamente no setor de tecnologia devido à escalada da internet. De 15 estudos examinados, um total de 14 revelou que o ágil funciona muito bem em uma ampla variedade de setores e de atividades.
- *Empresas ágeis podem dar resultados melhores.* É bom frisar que essa é uma área de pesquisa menos madura. À época do nosso levantamento, havia apenas nove estudos – e pouca coisa já tinha saído nas publicações acadêmicas mais rigorosas. Isso dito, os resultados iniciais são animadores. E, ao comparar mentalidade e métodos ágeis com um crescente corpo de estudos sobre resultados de empresas, sobre líderes e equipes de sucesso e sobre engajamento de colaboradores, escritos por acadêmicos (como Teresa Amabile, Steven Kramer, Mary Shapiro e o Center for Collective Intelligence do MIT), firmas de consultoria (incluindo Gallup, Willis Towers Watson e Energy Project) e empresas (como o Google e seu Projeto Aristóteles), vemos uma notável congruência nas conclusões. Em sua totalidade, esse crescente e expressivo universo de estudos indica que o ágil, feito do jeito certo, provavelmente ajudará executivos a atingir seus propósitos e objetivos.

Agora, é hora de entender melhor o que significa ser ágil e o que é necessário para criar uma empresa ágil.

1
Como o ágil realmente funciona

Chegou a hora da verdade. Brian, product owner do time da Irresistible Snacks, mal pode conter o entusiasmo – embora perceba, para sua irritação, que a empolgação vem mesclada de momentos de ansiedade. Engenheiros não ficam ansiosos, diz a si mesmo, emendando: os dados são o que são, é preciso encarar os fatos, é só mais um projeto.

E é mesmo. Faz seis semanas que o time de Brian está trabalhando no programa de desenvolvimento de novos produtos. Hoje é a revisão, ou review, da terceira sprint. Os membros da equipe vão pedir a 20 consumidores reais que abram e experimentem sete protótipos da nova linha de barrinhas nutricionais da empresa, que prometem ser um "prazer saudável". O comitê executivo da Irresistible vai comparecer em peso para observar a sessão. Brian estremece ao lembrar que desde o início muita gente no comitê se opôs abertamente ao processo ágil. Agora, ou vai ou racha. Não devia ser assim – mas é.

Brian é um aficionado por comida, além de ser engenheiro de alimentos por formação. Até então, só tinha trabalhado em empresas pequenas. Dois anos atrás, liderava o desenvolvimento de produtos da AlwaysAuthentic Nutrition, uma empresa jovem que vinha crescendo rapidamente e começava a provocar uma revolução nas prateleiras de barrinhas de cereais em supermercados e lojas de conveniência. Era um trabalho ideal, achava. Em dias bons, conseguia até ir de bicicleta de casa, nos arredores de Cleveland, para o trabalho.

Mas, então, veio a notícia: a Irresistible Snacks, uma grande empresa de alimentos processados, que era parte de uma fabricante de bens de consumo ainda maior, estava comprando a AlwaysAuthentic por uma quantia generosa. Os donos da AlwaysAuthentic levaram uma bolada para casa, e um pouquinho disso acabou chegando aos funcionários. Mas a compra trouxe demissões, fechamento de fábricas e tristes despedidas. O que viria a seguir? Brian não tinha falsa modéstia sobre a própria reputação – era conhecido e respeitado no setor – e sabia que podia conseguir trabalho em praticamente qualquer lugar. Mas onde, exatamente? E fazendo o quê? Foi quando um dos principais engenheiros de alimentos da Irresistible veio falar com ele: "Vocês sabem ser rápidos", disse o engenheiro a Brian. "Bem que podiam ensinar a gente! Queremos aprender a inovar como uma startup. Venha trabalhar aqui, precisamos de você."

A ideia era tentadora até para alguém como Brian, acostumado a empresas pequenas. Era subir para a primeira divisão. Provar sua capacidade em um grande palco. E a proposta em si mexeu com ele. Juntando salário e benefícios, nunca teria ganhado tanto. Fora isso, havia a perspectiva de um bônus que, por fim, permitiria que juntasse uma boa reserva de dinheiro.

Brian topou o desafio. Mas, naturalmente, o trabalho estava longe de ser o que esperava. O orçamento na Irresistible era apertado. Os procedimentos ali dentro tornavam impossível fazer qualquer coisa sem que meia dúzia de gente autorizasse antes – o que podia levar semanas. Durante um ano e meio, sentiu que estava perpetuamente batendo a cabeça contra uma parede. A Irresistible queria aprender com a empresa que comprara? Aham. O mais provável é que tenha optado por fisgar e matar uma concorrente, eliminando uma ameaça a seu velho e burocrático jeito de operar. Depois de um ano e meio de frustração, Brian estava prestes a jogar a toalha.

Foi quando a CEO da Irresistible, Lori, o chamou até sua sala. Lori foi direto ao ponto: "Faz três anos que estamos perdendo participação de mercado", contou. "Não dá para seguir assim."

Brian foi pego de surpresa. Para começar, Lori era mais nova do que esperava. Já a vira antes, mas apenas de longe, e agora, de perto, dava para ver que mal passava dos 40. Bem diferente dos coroas que ocupavam as outras salas da diretoria. Era mais jovem até que ele, que aos 49 já começava a se sentir um tiozão.

Lori falou abertamente: "O departamento de pesquisa de mercado detectou uma oportunidade em barrinhas que são saudáveis, sem deixar de ser gostosas. O pessoal do desenvolvimento de produtos está me dizendo que levaria pelo menos 24 meses para lançar um produto tão diferente assim da nossa linha atual. Para ser sincera, não acho que eles realmente queiram que a ideia dê certo. O medo deles é que isso canibalize as barrinhas doces que já temos e que dão lucro".

Lori se inclinou para a frente e olhou Brian nos olhos. "Ouvi dizer que você tem uma atitude diferente, um outro jeito de fazer as coisas. Queria que você liderasse a equipe de desenvolvimento dessa nova linha de produtos. Que tal?"

Uau! O que diziam baixinho de Lori era verdade: ela era bem direta ao ponto e bastante franca. Brian se lembrou de ter ouvido que a indicação dela para o cargo fora uma surpresa. Todos concordavam que a executiva era um furacão do marketing, mas parte da diretoria da Irresistible, ao que parece, tinha reagido mal à decisão do conselho de administração de torná-la CEO.

Brian hesitou. Só pode ser piada, pensou. Em voz alta, disse: "Não sei bem se sou o cara certo. Sua organização praticamente me escorraçou. Mas obrigado por pensar no meu nome". Já que ela era direta, ele também seria.

Lori riu. "Eu já esperava por isso. Ouvi dizer que você está perdendo a paciência com a empresa. Esse é o problema aqui", disse. Levantou, deu a volta na mesa e sentou na cadeira ao lado de Brian. "Não diga *não*, por favor. Diga o que você precisa para tirar isso do papel. Se estiver fora do meu alcance, eu falo, e aí a gente se despede sem mágoas."

Brian passou aquela noite refletindo sobre o assunto. Falou com a esposa. Ligou para um cara que fora seu mentor no começo da carreira. Havia um claro consenso: ele não tinha nada a perder. Logo, por que não tentar?

Três dias depois, estava de volta à sala de Lori, cheio daquela energia que tinha contribuído para sua reputação no mercado. "Vamos precisar de uma equipe multidisciplinar", foi dizendo. "Sugiro as seguintes pessoas: a Danielle, do desenvolvimento de produtos, o Jordan, de embalagens, a Ellie, de vendas, a Alyssa, do marketing, a Brianne, de insights do consumidor, o David, da produção, o Gavin, da cadeia de suprimentos, e a Leah, que tem experiência no coaching de times ágeis. Quero 100% do tempo deles – ninguém com dedicação parcial. Precisamos de um espaço com diversos quadros brancos para trabalharmos todos juntos, cara a cara."

Brian olhou para Lori para ver sua reação. Ela fez sinal para que fosse em frente.

"Vamos precisar de acesso direto a uma ou outra rede de varejo inovadora e também a consumidores. O ciclo orçamentário anual acaba de ser encerrado e não temos verba, então vamos precisar da sua ajuda com isso. Não podemos ficar no fim da fila para conseguir ajuda com questões de segurança, regulamentação, legislação ou TI. Se pudermos tocar esse programa como fazíamos na AlwaysAuthentic, dá para lançar o melhor produto no mercado para um grupo seleto de clientes do varejo em 6 meses em vez de 18 – e fazer um lançamento geral em 12 meses em vez de 24. Esse prazo começa a correr assim que o time estiver completo e pronto para começar."

Lori pareceu meio surpresa com a extensão e a especificidade dos pedidos de Brian. "Tem certeza de que não faltou nada?", perguntou, com um sorrisinho.

Brian riu. "Só mais duas coisas", disse. "O comitê executivo precisa estar envolvido. As ideias dos executivos serão bem-vindas, mas não utilizaremos os métodos tradicionais de microgestão. Nós decidiremos o que fazer com as sugestões. E, sem querer ser desrespeitoso, é especialmente importante que pessoas controladoras como a Stacy, a Kelly e o Eric entendam isso. Se eles começarem a dar ordens ao pessoal deles no nosso time, não vai dar certo."

"E, por fim" – já que estavam no assunto –, "meu verdadeiro objetivo é fazer com que todas as equipes de desenvolvimento de produtos, ou até todas as equipes de inovação, vejam o valor dessa abordagem e também a adotem." Brian puxou o fôlego. "Um ou dois casos de sucesso não vão conseguir promover a mudança de que precisamos. Alguns poucos times ágeis não bastam, precisamos de uma empresa ágil."

Pela primeira vez, Lori interrompeu. "Calma", disse. "Concordo que a gente precisa de alguns produtos novos, mas não tenho certeza de que precisamos de um sistema totalmente novo. Vamos ver como se desenrola esse projeto para depois discutir como avançar."

Brian percebeu que tinha se empolgado demais. "Eu entendo", disse. "Aliás, isso está bem alinhado com os princípios ágeis. O que vou fazer é ir tomando notas e dividindo minhas observações com você ao longo do caminho. O problema com esse primeiro piloto é que, se quisermos, ele vai dar certo. Com a sua influência, poderemos superar quase qualquer entrave e criar soluções alternativas para obstáculos sistêmicos. Já vi, com meus próprios olhos, como isso aumenta as chances de sucesso de um time. O problema é que isso não cria o ambiente de aprendizado ou as mudanças organizacionais necessárias para que dezenas ou centenas de times passem a trabalhar dessa forma. O teste de um time ágil, assim como o de qualquer protótipo, deve ser feito em condições realistas, diversas. Temos que expor e corrigir tudo o que estiver causando as maiores frustrações no sistema atual. Você pode, pelo menos, prometer que vai ouvir de mente aberta?"

Para Lori, foi fácil concordar. O que Brian estava pedindo não era para já, mas para o futuro – e, de todo modo, tudo dependeria dos resultados do primeiro time. O que ela estava fazendo já era arriscado o bastante, mas pelo menos era limitado em tempo e escopo. Quanto ao futuro, teria de esperar para ver.

"Fechado", disse, apertando a mão de Brian.

Assim que saiu da sala, Brian pegou um bloco de anotações e, numa página em branco, colocou um título. Abaixo dele, um único item:

ÁGIL EM ESCALA
- Times ágeis × empresa ágil

Os três primeiros meses foram sofridos. Lori teve de usar toda a autoridade do cargo de CEO para conseguir o pessoal certo para a equipe. Até então, lançar um projeto novo era relativamente fácil. Se uma equipe precisasse do equivalente a nove pessoas com dedicação integral, usavam-se, digamos, quatro pessoas com tempo livre em meio período, dez colaborando 25% do tempo e 40 ou 50 pessoas contribuindo com 10% cada. Os líderes de departamento raramente se opunham – não precisavam abrir mão de ninguém e, com um representante envolvido no projeto, ficavam a par do que estava acontecendo. Já a nova proposta era loucura. Tirar nove pessoas boas em tempo integral da função operacional que exerciam? Era absurdo e não aconteceria sem briga. "E por que não o Darrell? Ele tem tempo de sobra." "O David não quer saber dessa coisa de ágil, ele acha que pode prejudicar a carreira dele." "Não dá para pegar só 25% da Danielle? A gente sempre fez assim. Ela está envolvida até o pescoço em outro projeto importante e não tem ninguém para colocar no lugar. Se ela sair, será péssimo para nós."

Mas Lori foi firme. Em pouco tempo, Brian tinha todo mundo que havia solicitado. Ele não estava pedindo os astros da casa, pois sabia que, se o time não pudesse trabalhar com gente normal, seria impossível chegar um dia a dezenas ou centenas de equipes. Mas se recusou a começar até que o time estivesse devidamente montado e totalmente comprometido. Enquanto esperava esse processo, abriu o caderno em outra página em branco e anotou mais dois itens:

ESTRUTURA E PESSOAS
- Gaps de talentos
- Planos de carreira na agilidade

Uma vez montada a equipe, Brian partiu imediatamente para a ação. Os integrantes do time passaram três dias reunidos. Eles aprenderam sobre mentalidade e métodos ágeis. Formularam uma visão para o programa. Estudaram o material de insights do consumidor. Desenvolveram, priorizaram e sequenciaram um backlog de necessidades de clientes (varejista) e consumidores (comprador final). Decidiram, ainda, que trabalhariam em sprints quinzenais, ou seja, a cada duas semanas entregariam uma versão funcional de algum componente do programa: uma barrinha nutricional, uma nova embalagem, um processo de produção, um programa de marketing, um material de vendas, displays de varejo ou qualquer outro componente da experiência completa de uso e compra do produto. Para a primeira sprint, criariam duas versões de uma nova barrinha.

Danielle, do desenvolvimento de produtos, entrou em ação. Contatou um chef que mostrara interesse no projeto, embora estivesse trabalhando em outros quatro e seu tempo fosse limitado. Brian abriu de novo seu bloco de anotações e, na página de "Estrutura e pessoas", abaixo do item "Gaps de talentos", adicionou um subitem:

ESTRUTURA E PESSOAS
- Gaps de talentos
  ▷ Chefs
- Planos de carreira na agilidade

Alyssa, do marketing, queria criar uma comunidade on-line de 200 consumidores para receber feedback rápido sobre os protótipos. O departamento de TI respondeu que só teria tempo para isso dali a nove meses. Brian foi para uma nova página, que intitulou "Processos e tecnologia". Lá, anotou dois itens:

PROCESSOS E TECNOLOGIA
- Arquitetura tecnológica modular (arquitetura orientada a serviços e microsserviços)
- Desenvolvimento ágil de software

Brian não gostava de pedir ajuda de fora, mas imediatamente contratou um fornecedor externo para criar a plataforma da comunidade on-line.

Em seguida, o departamento de segurança alimentar da empresa avisou que ninguém poderia provar nenhum protótipo antes de concluídos todos os testes-padrão exigidos, o que levaria pelo menos dez semanas. Brian não conseguia entender. Os testes que estavam pedindo iam muito além do que as autoridades sanitárias exigiam para aquele tipo de produto. A gerente de segurança de alimentos, Erin, explicou que, devido a problemas enfrentados no passado, tinham adotado um sistema padronizado para todo produto novo. Brian contou como a AlwaysAuthentic havia criado quatro processos distintos de teste e aprovação – condizentes com o volume de alterações feitas em produtos que já existiam. Naquele caso específico, disse, não estavam usando nenhum ingrediente novo, nem nada que trouxesse riscos (como ovo, que podia transmitir salmonela). Erin prometeu escalar o pedido para seus chefes, mas não via com otimismo a possibilidade de que eles mudassem de ideia. Enquanto isso, Brian sugeriu alternativas: "Seria possível você tentar acelerar o processo de aprovação? E será que podíamos testar amostras com gente da equipe e funcionários da empresa que assinassem um termo de consentimento?". Depois de consultar o jurídico, o departamento de segurança alimentar deu o OK.

Brian abriu o caderno de novo, foi para a página de "Processos e tecnologia" e adicionou um item:

PROCESSOS E TECNOLOGIA
- Arquitetura tecnológica modular (arquitetura orientada a serviços e microsserviços)
- Desenvolvimento ágil de software
- Tornar processos operacionais mais ágeis

O time trabalhou duro a partir dali. Duas semanas depois, estava com os protótipos prontos e feliz de poder apresentá-los na sprint review. No entanto, dos dez membros do comitê executivo, só Lori e Kelly, a chefe de pesquisa e desenvolvimento (P&D), apareceram. Ao longo dos anos, os executivos do comitê tinham descoberto que essas primeiras reuniões de apresentação de uma força-tarefa serviam apenas para apresentar planos de trabalho futuros – sendo total perda de tempo. Dessa vez, estavam errados: a equipe apareceu com protótipos para degustação feitos com base em sugestões da comunidade on-line de consumidores. Depois de provar as amostras e checar a tabela nutricional provisória, Lori abriu um sorriso. "A gente nunca vê um protótipo de produto novo em menos de três meses e, em geral, demora seis. Vocês fizeram em duas semanas. Não está perfeito, é verdade. O formato ainda está irregular e acho que assou demais, mas estou vendo aonde vocês querem chegar." Depois de uma pausa, arrematou: "E eu gostei".

A equipe estava animada, mas Brian sabia que aquilo era só o começo. O pessoal se reuniu para analisar a primeira sprint e considerar ajustes no sequenciamento do backlog. Todos achavam que era preciso aumentar a capacidade de criar protótipos. A comunidade de consumidores tinha sugerido cinco sabores que poderiam ser melhores do que os dois que o time escolhera primeiro. Produzir toda essa variedade, com volume suficiente para a degustação por mais gente, exigiria mais do que uma cozinha de testes. Logo precisariam de uma linha de produção piloto. David, da produção, avisou que a empresa não tinha linhas de produção para testes – a Irresistible nunca precisara disso. O que havia era uma linha pequena, raramente usada, que poderia ser rapidamente adaptada. Mas isso custaria cerca de 250 mil dólares, talvez mais. Brian correu para apresentar uma solicitação de verba.

Isso acabou levando a uma conversa desagradável, pior do que Brian tinha esperado. Colin, o diretor financeiro, não era um grande fã de experimentos e rejeitou o pedido logo de cara. "Olha, Brian, estamos passando por um ano difícil, e isso aqui não está no orçamento. Você vai ter de achar outra solução até que a gente possa ver como incluir isso no próximo plano operacional."

Brian ficou pasmo. "É claro que não está no orçamento. Nem a receita que isso vai trazer, nem o lucro que provavelmente vai ser 50 vezes maior do que esse custo. Não podemos esperar tudo isso."

Colin não ficou impressionado. "O custo é garantido, mas a receita e o lucro, não. Se todo mundo fizesse o que você está querendo fazer, a empresa seria um completo caos. Eu tenho responsabilidades com os acionistas, e o resto do pessoal da empresa que está trabalhando dentro do orçamento."

Brian tirou da manga seu coringa: "Olha, não queria recorrer a isso, mas vou ter de falar com a Lori sobre essa questão, você entende?".

"Vá em frente!", retrucou Colin, voltando a atenção para a papelada sobre a mesa. Brian saiu e foi direto para a sala da CEO. Lori não gostava da ideia de passar por cima do diretor financeiro, mas tinha prometido bancar o projeto. E foi o que fez. Brian sabia que teria de pedir mais verba adiante. Sacou de novo o caderno, buscou outra página em branco e escreveu:

PLANEJAMENTO E ORÇAMENTO
- Planejamento e orçamento mais frequentes e flexíveis

O time seguiu em frente, removendo barreira após barreira. O consumidor queria uma embalagem transparente, para poder ver o produto. O setor de embalagens temia que a transparência fosse reduzir o "shelf life", ou prazo de validade, das barrinhas. Como sabia que novas concorrentes vinham usando embalagens transparentes há um tempo, o pessoal do time conseguiu encontrar e rapidamente qualificar um fornecedor que havia resolvido o problema da validade por meio do uso de novos materiais. Os consumidores também pediam produtos com pistache, cranberries e maior teor de cacau. Para ter essa matéria-prima, seria preciso localizar e qualificar mais fornecedores – e os novos ingredientes também exigiriam testes de segurança mais demorados. Brian e o time concluíram que o tempo adicional gasto nesses testes valeria o atraso. Para evitar esses gargalos, reestruturaram as tarefas da equipe.

Aos poucos, a empresa toda começou a se inteirar das conquistas do time ágil, e mais gente demonstrou interesse em participar da iniciativa. No final da segunda sprint, todos os membros do comitê executivo foram à review para degustar os cinco novos protótipos. Mas, como Brian tinha previsto, a ala mais controladora da chefia começou a criar problemas: queriam uma espécie de "segunda chamada" para reuniões que haviam perdido. Começaram a dar ordens a subordinados seus na equipe. Pediam relatórios de progresso antes da data das reviews. Membros da equipe temiam que desobedecer às ordens dos chefes pudesse ser desastroso para sua carreira – afinal, quando o projeto terminasse, talvez tivessem de voltar ao posto antigo. Brian não teve saída: marcou uma reunião com o comitê executivo para explicar bem o processo ágil e esclarecer que o papel deles era remover barreiras – e não ficar dando ordens.

Lori voltou a reforçar a mensagem de Brian, e sua intervenção permitiu que fossem encontradas soluções temporárias para a maioria dos problemas. Ainda assim, a lista de Brian continuava aumentando. Em uma nova página, criou uma categoria para "Liderança e cultura". Nela, incluiu vários itens:

LIDERANÇA E CULTURA
- Confiança e empoderamento × comando e controle
- Líderes trabalhando como um time ágil
- Visão de gerentes sobre o valor que agregam
- Remoção de impedimentos

Em outras categorias, a lista também crescia. Em "Estrutura e pessoas", Brian incluiu mais três itens:

ESTRUTURA E PESSOAS
- Gaps de talentos
  - ▷ Chefs
- Planos de carreira na agilidade
- Gestão de desempenho
- Cargos, funções e direitos de decisão
- Esclarecer definição do negócio e responsabilidade por P&L

Em "Processos e tecnologia", continuou adicionando itens:

PROCESSOS E TECNOLOGIA
- Arquitetura tecnológica modular (arquitetura orientada a serviços e microsserviços)
- Desenvolvimento ágil de software

- Tornar processos de negócios mais ágeis
- Dividir projetos grandes e complexos em lotes menores
- Focar todo o trabalho em uma necessidade do cliente

A terceira sprint podia tanto impulsionar de vez a iniciativa e trazer apoio para processos ágeis como dar munição para os descrentes e aniquilá-la. Brian estava assumindo outro risco com a review do produto. Na Irresistible, a avaliação de produtos sempre fora conduzida por agências terceirizadas, e por uma boa razão: além de serem facilitadoras qualificadas, essas empresas podiam ser completamente objetivas, em vez de ficarem na defensiva. Mas Brian queria que os membros do time conhecessem a fundo o consumidor – que tivessem "customer intimacy" – e não queria esperar duas ou três semanas para receber da agência um relatório sobre a avaliação. Na equipe, pouca gente já tinha feito uma sessão dessas, e quase todos estavam nervosos sobre como seriam julgados pelos integrantes do comitê executivo.

Hoje, dia da sessão, grupos de cinco consumidores começam a entrar nas quatro salas de reunião ao redor do espaço central de observação, onde já estão os dez membros do comitê executivo. Alguns concentram a atenção em um único grupo de clientes. Outros se deslocam para ouvir a avaliação de vários grupos e discutem entre si a respeito de como interpretar os comentários dos consumidores.

Do ponto de vista dos membros do time, a review é um sucesso. Quatro das sete barrinhas testadas são muito bem avaliadas por distintos segmentos de consumidores, que dão boas sugestões para aprimorar ainda mais os produtos. Há insights sobre embalagens, rótulos, mensagens de marketing e preço. Três dos produtos têm problemas demais e vão para o final do backlog. E o comitê executivo, o que achou? É hora de descobrir.

Conforme a equipe vai entrando na sala de observação, até chega a receber aplausos de alguns membros do comitê. "Foi impressionante", diz Kelly, a diretora de P&D. "Nunca vi tanto progresso em seis semanas." Apesar de mais contida, Lori está claramente satisfeita – ao que parece, o risco que assumiu está dando retorno. Todos os olhos se voltam para Colin, o CFO, com seu terno cinza-chumbo e a cara fechada. "Acho que posso conviver com isso", diz, com um esboço de sorriso.

Vindo de Colin, aquilo é o equivalente a uma avaliação quatro estrelas e parece a deixa para a celebração. Os diretores fazem questão de cumprimentar cada um dos membros da equipe. Perguntam o que podem fazer para ajudar e começam até a falar de outros projetos de inovação que deveriam seguir o modelo ágil. Amanhã, a equipe fará a retrospectiva para definir o que pode melhorar na próxima sprint. Hoje, no entanto, é dia de comemorar – e de Brian colocar o sono em dia.

Por que agilidade?

Irresistible Snacks, Brian e o time ágil que ele lidera são, obviamente, fictícios. O caso é uma colagem de experiências de centenas de empresas e equipes observadas por nós. Mas a história reflete dois conjuntos de fatos sobre o ágil (agile).

Primeiro: o *time ágil* está no cerne de uma empresa ágil. Se você não entende o que é uma equipe ágil, não entenderá a agilidade como filosofia de trabalho. É por isso que fizemos um relato tão detalhado da equipe da Irresistible. No restante deste capítulo, mostraremos de onde surgem equipes como a de Brian. Faremos um grande esboço de princípios e práticas que regem o que esses times fazem, o modo como trabalham e por que operam desse jeito. E, é claro, definiremos termos comuns do ágil, como sprint e backlog. Mas, primeiro, queríamos dar uma ideia de como é e como funciona uma equipe dessas, pois tanto sua origem quanto seu funcionamento refletem a tentativa das pessoas de se libertar das amarras da burocracia.

Segundo: é relativamente fácil montar alguns times ágeis em uma organização. No entanto, se seu objetivo é ter agilidade em escala, é preciso começar a mudar a forma como as pessoas pensam e agem em toda a organização. Daí a importância do caderninho de Brian. Conforme veremos, os desafios e obstáculos que ele foi colocando no papel são os desafios e obstáculos que provavelmente surgirão em qualquer empresa que decidir desenvolver a agilidade em larga escala. É sobre esses assuntos que falaremos nos capítulos seguintes. Vamos nos concentrar nos que consideramos os mais importantes: comportamentos da liderança; planejamento, orçamento e revisão; estruturas organizacionais e gestão de pessoas; e processos e tecnologia.

Origens do ágil

Para alguns historiadores, as metodologias ágeis remontam ao método científico proposto por Francis Bacon em 1620. A nosso ver, um ponto de partida mais razoável seria a década de 1930, quando o físico e estatístico Walter Shewhart, do Bell Labs, começou a aplicar ciclos de melhoria contínua (especificação-produção-inspeção) a produtos e processos. Em 1938, o trabalho de Shewhart despertou o interesse de W. Edwards Deming, que popularizou a ideia com o hoje famoso ciclo PDSA: planejar ("plan"), fazer ("do"), estudar ("study") e agir ("act").

Em 1986, Ikujiro Nonaka e Hirotaka Takeuchi publicaram, na *Harvard Business Review*, um artigo intitulado "The New New Product Development Game".[1] Ao estudar empresas que estavam lançando inovações de sucesso com muito mais rapidez do que as concorrentes, a dupla identificou um método de trabalho em equipe que tinha mudado o processo de concepção e desenvolvimento de produtos como fotocopiadoras na Fuji-Xerox, motores de automóveis na Honda e câmeras fotográficas na Canon. Em vez de adotar métodos convencionais de desenvolvimento de produtos – uma espécie de corrida de revezamento na qual especialistas de uma área passam o bastão ao setor seguinte ao concluir sua etapa do projeto –, essas empresas vinham usando uma abordagem que Takeuchi e Nonaka associaram ao rúgbi, "com uma equipe tentando fazer, unida, o percurso inteiro, passando a bola de um lado para o outro".²

Em 1993, Jeff Sutherland tinha, diante de si, o que parecia ser uma missão impossível. A Easel Corporation, uma empresa de software, precisava criar, em menos de seis meses, um produto novo para substituir produtos legados. Sutherland já tinha uma grande experiência com metodologias como desenvolvimento rápido de aplicações, programação orientada a objetos, ciclos PDSA e skunkworks [cuja característica principal é o desenvolvimento de inovação com autonomia]. Sua ideia era criar uma cultura de skunkworks no centro da matriz da Easel, combinando as vantagens tanto da separação quanto da integração. Para começar, ele aprendeu tudo o que podia sobre como maximizar a produtividade de uma organização. Depois de ler centenas de artigos e entrevistar especialistas em gestão de produtos, uma série de ideias instigantes começou a chamar sua atenção.

Uma delas vinha de um artigo do Bell Labs sobre o time a cargo da Borland Quattro Pro, sugerindo que reuniões diárias e de curta duração tinham elevado radicalmente a produtividade da equipe.³ Dicas semelhantes apareciam em outros textos. Para Sutherland, no entanto, o grande estalo foi a descoberta da abordagem do rúgbi de Takeuchi e Nonaka – ainda que o foco dos dois fosse a manufatura, não o desenvolvimento de software. Tomando emprestadas muitas das principais ideias da dupla e sugerindo práticas operacionais específicas, Sutherland criou um novo método de desenvolvimento de software que chamou de Scrum (para manter a analogia com o rúgbi). O método Scrum permitiu que ele conseguisse o que parecia impossível: concluir o projeto dentro do prazo, abaixo do orçamento previsto e com menos bugs do que qualquer lançamento anterior. Depois desses resultados, ele e um colega de longa data, Ken Schwaber, codificaram a abordagem, e em 1995 o Scrum foi apresentado pela primeira vez ao público.

Sutherland e Schwaber não eram, naturalmente, os únicos em busca de métodos inovadores. A era da informação estava explodindo.

As tecnologias disruptivas tiravam o sono de dinossauros do mercado. Tanto as novas empresas, chamadas de startups, quanto as competidoras conhecidas buscavam maneiras melhores de se adaptar a um cenário desconhecido e turbulento. O software se tornara um elemento indissociável de quase toda operação de empresas, e muitos desenvolvedores e desenvolvedoras de software estavam trabalhando duro para melhorar os métodos de programação e aumentar a adaptabilidade.

Em 2001, um grupo de 17 programadores que se autodenominavam "anarquistas organizacionais" se reuniu em Snowbird, no estado americano do Utah, para trocar ideias. Sutherland e outros proponentes do Scrum estavam lá. O grupo também tinha adeptos de outras abordagens, como Extreme Programming (XP), Crystal, Adaptive Software Development (ASD), Feature-Driven Development (FDD) e Dynamic Systems Development Method (DSDM). Todos esses métodos eram conhecidos como "leves" ("lightweight frameworks"), pois usavam menos regras (e regras mais simples) para permitir uma adaptação mais rápida a ambientes em acelerada transformação (poucos dos presentes gostavam do termo "lightweight").

Um novo nome

Mesmo com muitas divergências entre seus membros, o grupo acabou chegando a um novo nome para o movimento: agile, ou ágil em português. O termo foi sugerido por um participante que estava lendo o livro *Agile Competitors and Virtual Organizations: Strategies for Enriching the Customer*, de Steven L. Goldman, Roger N. Nagel e Kenneth Preiss.[4] O livro trazia 100 exemplos de empresas – entre elas ABB, Federal Express, Boeing, Bose e Harley-Davidson – que estavam criando novas maneiras de se adaptar a mercados turbulentos. Definido o nome, os participantes chegaram a um acordo sobre as bases do movimento, criando o Manifesto para Desenvolvimento Ágil de Software. O documento trazia quatro valores cruciais para todos os envolvidos – coisas como "software em funcionamento, mais que documentação abrangente" e "reagir a mudanças, mais que seguir um plano". Naquele mesmo encontro, e durante os meses seguintes, formularam 12 princípios operacionais, entre eles: "Nossa maior prioridade é satisfazer o cliente por meio da entrega contínua e adiantada de software com valor agregado" e "Simplicidade – a arte de maximizar a quantidade de trabalho não realizado – é essencial".[5] Desde 2001, todo framework de desenvolvimento alinhado com esses valores e princípios passou a ser considerado uma técnica ágil.

Uma vez instituída a crença da inovação ágil no encontro em Snowbird, o movimento se alastrou rapidamente. Os signatários do manifesto postaram o documento na internet e convidaram outros para apoiar a ação. A maioria dos membros do grupo original, agora acompanhado de uma leva de novos adeptos, voltou a se reunir no final daquele ano para explorar maneiras de disseminar os princípios ágeis. Todos concordaram em escrever e falar sobre o assunto.

Com o tempo, o uso do agile cresceu. Em 2016, um dos autores deste livro (Darrell Rigby) publicou, junto com Sutherland e Takeuchi, um artigo na *Harvard Business Review* intitulado "Embracing Agile".[6] Os autores contavam que, àquela altura, a rede de rádio pública americana National Public Radio já usava métodos ágeis para inovar a programação; a John Deere, para desenvolver maquinário agrícola; e a Saab, para produzir o jato Gripen. A vinícola Mission Bell Winery, na Califórnia, tinha adotado os métodos "para tudo, da produção do vinho ao armazenamento, e até no trabalho de sua alta equipe de liderança".[7] A OpenView Venture Partners, do estado de Massachusetts, incentivava empresas em seu portfólio a adotá-los. O ágil se popularizou ainda mais de lá para cá, como mostrarão os exemplos aqui no livro. Embora sua complexa árvore genealógica às vezes provoque discussões acaloradas entre os adeptos da abordagem, duas coisas ficam claras nessa breve história. Primeiro, as raízes e a aplicação da agilidade vão muito além da tecnologia da informação, e são relevantes para diversas áreas de uma organização. Segundo, é bem provável que o ágil continue a se alastrar. A filosofia foi concebida para ajudar as pessoas a escapar das garras da burocracia – e o que empresas como a Irresistible Snacks hoje precisam, mais do que qualquer outra coisa, é a capacidade de restituir o equilíbrio entre burocracia e inovação.

Como trabalha um time ágil

A forma de trabalho das equipes ágeis é diferente daquela empregada por uma cadeia de comando hierárquica. É mais adequada para a inovação – ou seja, para o uso proveitoso da criatividade a fim de melhorar soluções para clientes, processos de negócios e tecnologias.

Para explorar uma oportunidade, a organização monta e dá autonomia a uma equipe pequena, em geral de três a nove indivíduos, a maioria deles integralmente dedicada à missão do grupo. O time é multidisciplinar e reúne todas as capacidades necessárias para concluir sua missão. A equipe se organiza sozinha e é estritamente responsável por todos os aspectos do trabalho. Líderes da organização podem dizer aos membros da equipe onde inovar, mas não como. Se está lidando com um problema grande e complexo, a equipe o divide em módulos, desenvolve soluções para cada componente usando prototipagem rápida e ciclos de feedback curtos e integra as soluções em um todo coeso. Para essa equipe, é mais importante se adaptar a mudanças do que seguir um plano à risca. Seus membros trabalham para produzir resultados – ou "outcomes" –, como crescimento, rentabilidade e fidelização do cliente, e não apenas saídas – ou "outputs" –, como linhas de código ou um número específico de novos produtos. O time trabalha em estreita colaboração com os clientes, externos e internos. Idealmente, isso deixa a responsabilidade pela inovação nas mãos de gente mais próxima desses clientes e reduz níveis de controle e aprovação, agilizando o trabalho e deixando a equipe mais motivada.

Toda abordagem ágil é uma combinação de mentalidades e métodos. Embora fanáticos travem verdadeiras guerras santas para declarar qual é mais importante, essa discussão é absurda. O que é mais importante para a sobrevivência, cérebro ou coração? Sem os dois, a pessoa morre. Como filosofia, o foco do ágil está totalmente no cliente. Para seus praticantes, toda atividade é feita para um cliente, e esse trabalho deve ser estruturado a fim de satisfazer as necessidades dos clientes do modo mais eficaz e rentável possível. O departamento financeiro, por exemplo, trabalha para as unidades operacionais que financia, que deveriam dar feedback sobre sua satisfação em relação a esse trabalho. É por isso que o backlog – basicamente, uma lista priorizada e sequenciada – do time ágil é baseado em necessidades do cliente, e não em tarefas a realizar.

A mentalidade ágil abomina o WIP (o "work in process", ou tarefas em execução). O WIP consome tempo e não agrega valor. Quanto mais tempo uma tarefa permanece inacabada, maior o custo. E, nesse meio-tempo, as necessidades do cliente vão mudando, a concorrência vai inovando e o WIP fica obsoleto. Por isso, o trabalho no ágil é feito em pequenos lotes, em ciclos de duração delimitada (menos de um mês) chamados de sprints. Diferentemente do que dizem certos céticos, os adeptos do ágil não fazem sprints curtas para que o time se mate de trabalhar. Fazem sprints curtas para acelerar o feedback de clientes reais. Uma sprint curta incentiva o time ágil a pensar em como criar rapidamente algo que já vale a pena testar, além de ajudar o time a sincronizar processos longos e lentos com processos acelerados.

O dono da iniciativa da equipe, o chamado product owner, é, em última instância, o responsável por entregar valor ao cliente (incluindo clientes internos e usuários futuros) e à empresa. Em geral, a pessoa que exerce esse papel vem de uma área de negócio e divide seu tempo entre o trabalho com a equipe e a coordenação com stakeholders cruciais: clientes, altos executivos e gerentes de negócios. O dono (ou dona) da iniciativa pode adotar uma técnica como design thinking ou crowdsourcing para montar um backlog abrangente de oportunidades promissoras. Essa lista é, então, revista e repriorizada de forma contínua à luz das estimativas mais atualizadas do valor que vão gerar para clientes internos ou externos e para a empresa. O dono da iniciativa não diz à equipe quem deve fazer o quê nem quanto tempo vai levar cada tarefa. Cabe aos próprios membros do time traçar um roteiro simples e planejar em detalhe as atividades – somente aquelas que não vão sofrer alterações antes de ser executadas. Eles dividem as tarefas no alto da lista de prioridades em pequenos módulos, decidem quanto trabalho será exigido e como fazê-lo, desenvolvem uma clara definição de "concluído" – "done" – e, em seguida, começam a construir versões funcionais do produto em sprints. Um facilitador (em geral, um Scrum master capacitado) guia o processo. Essa pessoa protege a equipe de distrações e a ajuda a colocar para funcionar sua inteligência coletiva.

O processo é totalmente transparente. Todo dia, os integrantes da equipe fazem uma reunião rápida de coordenação para avaliar o progresso e identificar obstáculos. Divergências são resolvidas com experimentos e feedback, não com discussões intermináveis ou apelo à autoridade. O time testa pequenos protótipos de parte (ou da totalidade) daquilo que está criando com alguns poucos clientes por curtos períodos de tempo. Se o feedback é positivo, a equipe pode lançar um protótipo imediatamente, mesmo que alguém da chefia não seja um fã ou que outros achem que a versão ainda é muito rudimentar. O time então discute formas de melhorar nos ciclos futuros e se prepara para atuar na próxima prioridade.

Quando comparado a abordagens de gestão tradicionais, o ágil traz vários benefícios importantes, todos já bastante estudados e documentados. Ele aumenta a produtividade das equipes e a satisfação dos profissionais, além de minimizar o desperdício inerente a reuniões redundantes, planejamento repetitivo, documentação excessiva, problemas de qualidade e funcionalidades de baixo valor em produtos. Ao dar mais visibilidade e garantir uma adaptação contínua a novas prioridades do cliente, o ágil aumenta o envolvimento e a satisfação do cliente, leva os mais valiosos produtos e funcionalidades ao mercado de forma mais rápida e previsível e reduz riscos. Ao colocar gente de distintas áreas da empresa para colaborar em um time, como pares, o ágil amplia a experiência organizacional e gera confiança e respeito mútuos. E, ao reduzir drasticamente o tempo desperdiçado na microgestão de projetos, permite que a alta gerência se dedique mais ao trabalho de maior valor que só ela pode fazer: criar e ajustar a visão da empresa; priorizar iniciativas estratégicas; simplificar e focalizar o trabalho; atribuir atividades às pessoas certas; aumentar a colaboração entre distintas áreas; e remover obstáculos ao progresso.

Adeptos da agilidade têm uma profunda descrença na capacidade dos gerentes de prever, comandar e controlar soluções inovadoras, sobretudo quando o que entregar e como entregar é vago. Em um exercício de imaginação, suponhamos que você tenha de projetar um veículo autônomo para ir de Minnesota à Flórida. Haveria duas opções: a primeira seria desenvolver um modelo determinístico para o veículo, fazendo um levantamento de todos os detalhes das estradas entre Minnesota e Flórida, prevendo todas as conversões possíveis, todas as mudanças de semáforo, a possibilidade de pedestres ou animais cruzarem a pista, acidentes de trânsito e condições meteorológicas. Quando, durante o teste, o carro bate (o que inevitavelmente ocorrerá), vão pedir que você volte à prancheta para melhorar o modelo preditivo. Mas é pouco provável que mais trabalho resolva o problema. Se o veículo estivesse se deslocando dentro de um tubo, talvez o modelo de previsão e planejamento funcionasse. Na vida real, a coisa fica rapidamente bastante complicada.

Outra abordagem seria programar o veículo para se adaptar a novas circunstâncias. O passo inicial seria determinar por que alguém desejaria ir de Minnesota à Flórida em primeiro lugar. Se a situação na Flórida estiver muito perigosa por causa de algum furacão, redirecionar para a Califórnia poderia ser uma opção. Em seguida, seria preciso prever situações que poderiam surgir, desenvolver formas de medir essas situações, criar sensores para monitorá-las e programar respostas adequadas para lidar com elas, além de coletar dados de estações meteorológicas, monitores de trânsito e outros motoristas para, depois, repassar esses dados àqueles mesmos sensores do seu veículo. "Estou chegando a um cruzamento, parar no semáforo." Se os loops de feedback forem curtos e sensíveis o suficiente, as transições serão fluidas e confortáveis, em vez de abruptas e caóticas. É essa a ideia do ágil: ir aprendendo à medida que se avança.

Cinco principais aprendizados

1. O time ágil é o coração da abordagem ágil. Se você não entende como uma equipe ágil funciona, será difícil desenvolver a agilidade em larga escala por todo o negócio.
2. Times ágeis acreditam que o feedback do cliente é melhor do que suposições da gerência na hora de decidir quais esforços de inovação são mais importantes e qual a melhor maneira de adaptá-los.
3. Times ágeis não usam sprints para que as pessoas trabalhem mais ou mais depressa. Usam sprints para acelerar o feedback de clientes reais (externos ou internos) e saber o que realmente importa para eles.
4. Burocratas terão medo de abrir mão do controle inicialmente, mas só até começarem a permitir experimentos controlados e descobrirem que taxas de sucesso triplicam – e que clientes, funcionários e acionistas ficam, todos, mais satisfeitos.
5. Tentar prever, comandar e controlar a inovação quando o que entregar – e como entregar – é vago e imprevisível é pura tolice.

2

Escalando o ágil

A divisão de aeronáutica da Saab tem mais de cem times ágeis trabalhando em software, hardware e fuselagem para o caça Gripen, um produto de 43 milhões de dólares de uma complexidade gigantesca. Todo dia, às 7h30, cada time envolvido faz uma reunião de 15 minutos para identificar impedimentos – incluindo aqueles que o time sozinho não pode resolver. Às 7h45, os impedimentos que exigem coordenação são escalados a um time de times ("team of teams"), cujos líderes resolvem o problema ou, se não tiverem como, o escalam de novo. Isso prossegue até que, às 8h45, o time executivo ("executive action team") já está com uma lista das pendências urgentes a resolver para que os times sigam avançando. A Saab Aeronautics também coordena suas equipes com um ritmo comum de sprints de três semanas, um plano mestre do projeto que é tratado como um documento vivo e a colocação, no mesmo espaço físico, de áreas da empresa que normalmente atuam separadas – por exemplo, colocando pilotos de teste e simuladores para trabalhar com times de desenvolvimento. Como já dissemos, o produto resultante disso tudo é considerado o jato militar com a melhor relação custo-benefício do mundo.

A fabricante de software de gestão SAP SE foi uma das primeiras a escalar o ágil, processo que iniciou há uma década. Primeiro, seus líderes expandiram o ágil nas divisões de desenvolvimento de software, uma área altamente focada no cliente e na qual poderiam testar e refinar a abordagem. Estabeleceram um pequeno grupo de consultores para treinar, orientar e incorporar o novo jeito de trabalhar e criaram um painel de resultados para que todos pudessem ver o progresso dos times. "Mostrar exemplos concretos dos impressionantes ganhos de produtividade obtidos com o ágil foi gerando mais apoio na organização", disse Sebastian Wagner, à época gerente de consultoria do grupo.[1] Nos dois anos seguintes, a empresa expandiu o ágil em mais de 80% das equipes de desenvolvimento, criando mais de 2 mil times. Vendas e marketing vieram em seguida, pois o pessoal dessas áreas sentiu necessidade de se adaptar para acompanhar o ritmo. Quando o front-end da empresa pegou embalo, foi a vez de o back-end dar o salto – com o grupo responsável por sistemas internos de TI migrando para o ágil.

A USAA tem hoje centenas de times ágeis em ação e planos de criar muitos mais. A companhia americana de serviços financeiros – especializada em produtos para membros das forças armadas dos Estados Unidos – conecta a atividade de times ágeis aos indivíduos a cargo de unidades de negócios e linhas de produtos. O objetivo é garantir que os gerentes responsáveis por partes específicas do P&L, ou "profit and loss statement", entendam como times multidisciplinares vão influenciar seus resultados. A USAA tem líderes seniores que agem como gerentes gerais em cada linha de negócios e são plenamente responsáveis pelos resultados do negócio. Mas esses líderes dependem de equipes multifuncionais – com competências cross-organizacionais e com membros focados – para fazer grande parte do trabalho. A USAA também depende da tecnologia e dos recursos digitais entregues aos donos de experiências; o objetivo aqui é garantir que líderes do negócio tenham os recursos de ponta a ponta para produzir os resultados que se comprometeram a entregar.

Na última década, líderes que tiveram contato com times ágeis ou ouviram falar dessas equipes começaram a fazer perguntas interessantes. E se uma empresa criasse dezenas, centenas ou mesmo milhares de times ágeis por toda a organização? Seria possível que segmentos inteiros de negócios aprendessem a operar dessa maneira? O ágil nessa escala melhoraria o desempenho da empresa toda, tanto quanto melhora o desempenho de um time? A lista de empresas que aumentaram a escala e o escopo de seus times ágeis inclui 3M, Amazon, Bosch, Dell, Facebook, Google, Haier, ING, Lego, Microsoft, Netflix, PayPal, Royal Bank of Scotland, Riot Games, Salesforce, Spotify e Target. Já trabalhamos com muitas delas e estudamos o que fazem. Embora os resultados em geral sejam espetaculares, é impressionante a variação em termos de abordagens, "outcomes" e até na própria definição do que é escalar o ágil.

O que significa escalar o ágil?

Há uma definição bem simples do que é "escalar o ágil": ter mais times ágeis. Aumentar o total para 50, 100 ou mais. Ampliar o escopo do ágil, para que esses times estejam funcionando em várias partes da organização. Aprender a usar times de times para tocar projetos muito grandes. Já vimos muitos exemplos distintos dessa forma de expansão, e a maioria das discussões sobre escalar o ágil se concentra nela. É o que chamamos de ágil em escala ("agile at scale"), e descreve, até aqui, a experiência vivida pela típica organização de grande porte.

Mas há também outra definição de escalar o ágil, e que para a maioria das empresas ainda é uma promessa. É o que chamamos de criar a empresa ágil, ou "agile enterprise" – o que, de certo modo, é o tema deste livro. O ágil em escala foca em melhorar o desempenho dos times ágeis, permitindo que burocracia e iniciativas de inovação coexistam. Já na empresa ágil o foco é a criação de sistemas de negócios ágeis, transformando burocracia e iniciativas de inovação em parceiros simbióticos, que colaboram para produzir resultados melhores. Nos próximos capítulos, discutiremos em detalhes até onde ir e com que rapidez avançar, além das inúmeras mudanças em comportamentos, processos e operações necessárias para criar uma empresa ágil. Vamos tentar abordar vários temas: da reformulação da TI e da alteração do processo orçamentário à mudança do sistema de gestão de talentos e remuneração da empresa. Aqui neste capítulo, nosso objetivo é mais modesto, mas igualmente importante. Queremos dar uma visão geral do que está envolvido na criação de uma empresa ágil e contrastar isso com a ambição mais modesta de fazer ágil em escala. Também queremos entender o que leva uma empresa a embarcar em uma jornada tão ambiciosa e, às vezes, arriscada.

Ágil em escala

Na empresa que busca o ágil em escala, a abordagem essencial ao negócio provavelmente seguirá sendo burocrática. Em geral, o cliente que essa empresa quer satisfazer é o acionista. O principal objetivo é criar times ágeis em número suficiente para melhorar resultados financeiros. Para garantir que o programa dê retorno, a gerência pode mesclar medidas de corte de custos – incluindo demissões – com o apoio a mais times ágeis. Um escritório de gestão de programas geralmente conduz a transformação – papel que, em iniciativas de transformação anteriores, cabia a forças-tarefas. A função desse escritório é mudar o comportamento das pessoas, criando times ágeis, promovendo apoiadores e enquadrando ou demitindo quem resiste abertamente à transformação. Além disso, em geral o time executivo age para garantir que times ágeis respeitem prazos e orçamentos. Depois de um ou dois anos, haverá muito mais times ágeis, e o provável é que já estejam se coordenando entre si de modo bastante eficaz. É quase certo, porém, que sigam trabalhando em um sistema burocrático de gestão, operações, suporte e controle – um sistema que, basicamente, segue operando como vem fazendo há décadas.

Anteriormente, dissemos que algumas dessas práticas eram armadilhas a evitar – e são, se sua intenção for criar uma verdadeira empresa ágil. Mas o ágil em escala nem sempre produz resultados ruins e, no caso de certas empresas, pode ser a escolha certa. Mesmo com processos tradicionais de governança, é perfeitamente possível ter dezenas de times ágeis e superar a maioria dos obstáculos com soluções criativas. Executivos seniores podem controlar o trabalho de algumas dezenas de equipes ágeis sem prejudicar o desempenho ou abalar o moral das equipes. Uma vez que times ágeis quase sempre têm um desempenho melhor do que equipes de projeto tradicionais, os resultados dos times em geral melhoram. No entanto, a abordagem traz sérios riscos. Com o tempo, as reclamações de partes não ágeis da organização podem aumentar. O pessoal dessas áreas pode achar que os times ágeis estão roubando os melhores talentos, usando a verba que poderia ser aplicada em seu setor, ignorando o processo orçamentário, ameaçando as boas práticas de gestão e, no geral, colocando a empresa em risco. A discórdia resultante pode obrigar a organização a recuar e reinstituir formas mais convencionais de operar, sacrificando os ganhos registrados até ali. E há, também, um custo de oportunidade: a empresa que se contenta em ser ágil em escala está abrindo mão dos ganhos potenciais de criar uma verdadeira empresa ágil.

Mas o problema mais difícil – e que chega a ser um contrassenso – é que, ainda que times ágeis possam produzir inovações de um jeito melhor e mais rápido do que nunca, é bem provável que os líderes achem que a velocidade geral de inovação na empresa não está aumentando. Ao analisar o problema, eles descobrem o conceito de "flow efficiency", ou eficiência do fluxo.

O tempo que um time ágil leva para entregar uma inovação é determinado por dois fatores: o tempo necessário para trabalhar na inovação e o tempo gasto à espera de outros. Essa espera pode ser decorrente de processos operacionais como calendários de planejamento estratégico, processos de aprovação de decisões, ciclos de orçamento e custeio, cronogramas de lançamento de software, restrições legais ou regulatórias, processos de alocação de pessoal e dezenas de outros fatores. Para calcular a eficiência do fluxo, divide-se o tempo de trabalho pela soma do tempo de trabalho mais o tempo em espera (Figura 2.1). Dados empíricos mostram que a eficiência do fluxo na maioria das empresas raramente é de mais de 15% ou 20%. Logo, ainda que a velocidade do trabalho ágil suba 20%, a velocidade geral da inovação na empresa pode crescer apenas 3% ou 4% – uma diferença quase imperceptível. Além disso, quando a empresa corta pessoal de operação e suporte para custear times ágeis sem reformular processos internos, sobra menos gente para fazer a mesma quantidade de trabalho. Isso gera mais lentidão, filas maiores, esperas mais longas e mais trabalho inacabado, ou "work in process" (WIP). Para piorar, no desespero de melhorar a utilização de pessoas e derrubar custos, muitos gerentes passam mais projetos aos times, a fim de preencher os tempos de espera e não deixá-los parados. Isso leva ao chamado multitasking, o que aumenta custos da alternância de contextos, reduz a produtividade, agrava tempos de espera e desacelera ainda mais o ciclo de desenvolvimento. No final, a velocidade da inovação pode acabar caindo.

FIGURA 2.1

Na maioria das empresas, a eficiência do fluxo ("flow efficiency") raramente passa de 15% a 20%

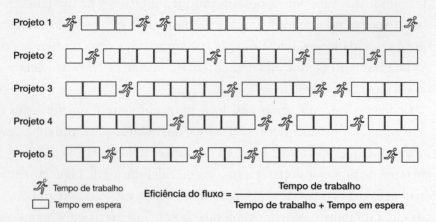

Fonte: Daniel Vacanti, autor de *Actionable Agile Metrics for Predictability: An Introduction*, e David J. Anderson, coautor de *Kanban Maturity Model: Evolving Fit-for-Purpose Organizations*.

Vejamos um exemplo da vida real, uma contrapartida da experiência fictícia da Irresistible Snacks. Uma grande empresa de serviços financeiros que estudamos fez um piloto para criar um novo aplicativo de celular utilizando metodologias ágeis. O primeiro passo, obviamente, era montar a equipe. Para isso, foi preciso pedir autorização para o projeto e solicitar verba. O pedido entrou na fila de solicitações à espera de aprovação no ciclo seguinte de planejamento anual. Depois de meses de análise, a verba finalmente foi aprovada. O piloto produziu um bom aplicativo, que foi elogiado por clientes e deixou o time orgulhoso do trabalho. Antes de ser lançado, porém, o aplicativo teve de passar por testes de vulnerabilidade em um tradicional processo cascata (ou "waterfall", uma sequência arrastada na qual se verificam documentação, funcionalidade, eficiência e padronização do código), e a fila do processo era longa. Depois, o aplicativo precisou ser integrado aos sistemas centrais de TI, o que envolveu outro processo waterfall, com uma espera de seis a nove meses. No final, o tempo total para lançar a novidade caiu muito pouco.

O que fazer, então, para lidar com desafios tão sérios? Este é o propósito de uma empresa ágil.

A empresa ágil

As empresas ágeis são mais do que uma agregação de times. São modelos operacionais cuidadosamente equilibrados que usam métodos ágeis para: 1) tocar o negócio de modo confiável e eficiente, 2) mudar o negócio para capitalizar oportunidades imprevisíveis e 3) harmonizar essas duas atividades. Executivos decididos a criar uma empresa dessas abordam o processo de escalada com uma mentalidade diferente. Não tentam isolar times ágeis do restante da organização, como se os dois grupos fossem inimigos. Tampouco tentam colocar cada funcionário em um time ágil. Embora sejam um componente essencial de uma empresa ágil, times ágeis de inovação em geral envolvem apenas de 10% a 50% dos funcionários. A maior parte do trabalho e a maioria das pessoas em sistemas ágeis seguem focados em tocar o negócio: em funções operacionais, de suporte e de controle.

Além disso, em uma empresa ágil o processo de escalar propriamente dito é visto pelos líderes como uma iniciativa ágil – aliás, como a mais vital de todas as iniciativas ágeis. Os executivos seniores conduzem a transição como um time ágil. Eles entendem que uma transição dessas é um produto em constante aprimoramento, não um projeto com um destino previsível ou uma data de conclusão fixa. Para eles, funcionários não são subordinados nem agentes de resistência à mudança, mas clientes cuja participação e opinião são cruciais para o sucesso. O time executivo define prioridades e sequencia oportunidades para melhorar a experiência desses clientes e aumentar sua satisfação. Os líderes se empenham para solucionar problemas e remover restrições, em vez de delegar o trabalho a subordinados.

Foi o que fez a Bosch, líder mundial no fornecimento de tecnologia e serviços que conta com mais de 400 mil colaboradores e operações em mais de 60 países. Quando a liderança começou a perceber que o modelo tradicional de gestão hierárquica já não era eficaz em um mundo globalizado e em rápida transformação, a empresa virou uma pioneira na adoção de métodos ágeis. No entanto, cada setor do grupo parecia exigir uma abordagem distinta, e a primeira tentativa da Bosch de escalar o ágil provocou sem querer um racha na cultura: enquanto negócios novos, de alta visibilidade, operavam com times ágeis, funções tradicionais ficaram de fora, comprometendo a meta da transformação holística. Em 2015, o conselho de administração, liderado pelo CEO Volkmar Denner, decidiu formular uma abordagem mais unificada para times ágeis. O conselho atuou como um comitê diretor e nomeou Felix Hieronymi, um engenheiro de software que se especializara em agilidade, para comandar a iniciativa.

A princípio, Hieronymi esperava gerir a iniciativa da mesma maneira que a Bosch gerenciava a maioria dos projetos: com uma meta, uma data prevista de conclusão e relatórios regulares de progresso ao conselho. Mas essa abordagem se mostrou incompatível com princípios ágeis, e as divisões da empresa não acreditavam em outro programa orquestrado centralmente. Foi preciso mudar de tática. "O comitê diretor virou um comitê de trabalho", contou Hieronymi. "As discussões ficaram muito mais interativas", explicou. O time criou um backlog ordenado e priorizado, que era regularmente atualizado, e focou na remoção constante das barreiras da empresa para maior agilidade. Seus membros abriram canais de comunicação com líderes de divisões. "A estratégia evoluiu de um projeto anual para um processo contínuo", disse Hieronymi. "Os integrantes do conselho se dividiram em pequenos times ágeis e testaram várias abordagens – algumas com um 'product owner' e um 'agile master' – para resolver problemas difíceis ou trabalhar em questões cruciais. Um grupo, por exemplo, redigiu os dez novos princípios de liderança lançados em 2016. Todos sentiram a satisfação pessoal de ter mais velocidade e eficácia, experiência que não se ganha lendo um livro." Hoje, a Bosch opera com uma mistura de times ágeis e unidades com estrutura tradicional. Mas quase todas as áreas adotaram valores ágeis, passaram a colaborar mais efetivamente e vêm se adaptando mais rápido a mercados cada vez mais dinâmicos (voltaremos à Bosch nos próximos capítulos).

Construir uma empresa ágil *não* significa eliminar totalmente a burocracia. Qualquer pessoa que esteja cogitando essa possibilidade precisa antes passar no famoso teste de F. Scott Fitzgerald, segundo o qual inteligência é "a faculdade de sustentar na mente duas ideias opostas simultaneamente e, ainda assim, manter a capacidade de funcionar".[2] Aliás, a organização em si precisa exibir essa inteligência.

De um lado, uma empresa ágil precisa de times ágeis buscando inovação em tudo quanto é lugar – e, por inovação, não queremos dizer só o lançamento de produtos, como a nova linha de barrinhas no exemplo da Irresistible Snacks. A empresa precisa de inovação em processos de negócios, em tecnologia, em recursos humanos e até no financeiro. Times ágeis podem analisar detalhadamente procedimentos da cadeia de suprimentos, políticas de RH e práticas de atendimento ao cliente.

Em resumo, uma empresa ágil é um time multifuncional. Os líderes de uma empresa ágil precisam tocar o negócio de maneira confiável e eficiente, mudar o negócio para capitalizar as oportunidades imprevistas e harmonizar as duas atividades. Essa visão é condizente com a filosofia chinesa da dualidade – ou yin e yang. Operações e inovações são atividades complementares e interdependentes, que precisam uma da outra para dar certo. Tensões, freios e contrapesos são características, e não falhas, de um sistema operacional saudável (Figura 2.2). É por isso que, ao longo do livro, enfatizamos a ideia de equilíbrio – que, obviamente, vai variar de acordo com o setor, a empresa e a atividade específica dentro do negócio. Gerenciar atividades de P&D (Pesquisa & Desenvolvimento) para uma líder da inovação em robótica vai exigir muito mais mudanças do que gerenciar operações de extração de uma empresa que fornece cascalho.

FIGURA 2.2

Yin e yang da empresa

Criando uma visão e uma estratégia ágeis

Líderes que pretendem criar uma empresa ágil sabem que uma visão do futuro pode ajudar a romper mentalidades burocráticas e limitadoras. Sabem que uma estratégia eficaz e as prioridades que ela impõe são essenciais para que times ágeis se concentrem nas iniciativas certas. Mas sabem, também, que projeções sobre o futuro em geral não se cumprem, e é bem provável que não tenham certeza de quão longe querem chegar ou com que rapidez devem avançar (o Capítulo 3 trata disso em detalhe). Como, então, traçar e vender uma visão – e uma estratégia para alcançá-la – sem parecer insensato quando uma ou ambas mostrarem falhas? Infelizmente, a atitude mais comum de um líder é se negar a aceitar e a admitir essas deficiências – embora a pessoa que chega para substituí-lo e mudar o rumo tenha prazer em apontá-las.

Uma saída melhor é pensar como um time ágil e criar uma visão exatamente como um time desses faria.

Esse processo começa com a única razão pela qual qualquer time ágil existe: para melhorar o desempenho, ajudando alguns grupos de clientes a avançar em direção a seus respectivos objetivos. Em geral, os times ágeis representam os objetivos dos clientes na forma de histórias de usuário. Essas histórias se parecem com a Figura 2.3, em sua forma mais simples, e com a Figura 2.4, na versão mais sofisticada.

Figura 2.3
Versão simples de história de usuário

Como um: _____(tipo de cliente, quem é, persona)_____

Quero: _____(soluções e experiências desejadas)_____

Para: _____(objetivos do cliente, benefícios funcionais e emocionais)_____

Com histórias de usuários apropriadas, os líderes podem passar a explorar o mundo na ótica de distintos clientes de uma empresa ágil, incluindo consumidores finais, profissionais de operações, profissionais da inovação, investidores financeiros e comunidade externa. Esse é outro ponto no qual o equilíbrio é essencial. Nas últimas décadas, o peso de resultados financeiros de curto prazo atingiu níveis nocivos (e, em 75% das empresas, o esforço que tantas equipes de gestão fazem para manter a organização no primeiro quartil do retorno total a acionistas é infrutífero). É por isso que virou moda entre gurus do ágil colocar resultados financeiros no mesmo saco da burocracia e recomendar o foco exclusivo na satisfação do cliente. Sem dúvida é algo que dá o que falar. Mas, a menos que vá distribuir seus produtos de graça e em seguida fechar as portas, a empresa deve equilibrar a satisfação do cliente com outros objetivos.

FIGURA 2.4
Versão mais sofisticada de história de usuário

Como um:	(tipo de cliente, quem é, persona)
Com dificuldade para:	(objetivos do cliente)
Enquanto:	(episódio específico da jornada do cliente)
Fico frustrado com:	(desafios e obstáculos)
E em geral recorro a:	(soluções alternativas insatisfatórias)
Queria muito:	(experiências desejadas e definição de qualidade)
Para poder:	(benefícios funcionais e emocionais desejados)
Se resolvesse isso, eu deixaria de usar:	(outras alternativas)
Embora não queira perder:	(benefícios de alternativas)
E tenha medo de que sua solução seja:	(riscos percebidos e medos ligados à adoção)

O primeiro passo, portanto, é formular uma hipótese estratégica que seja capaz de equilibrar e incorporar soluções para clientes de modo a criar uma empresa sustentável. O passo seguinte é mostrar humildade. É admitir que partes da hipótese estratégica podem precisar de adaptação. Isso exige mais do que dar de ombros, levantar as mãos e declarar: "Não temos ideia se isso vai funcionar, mas seria muito bom se desse certo!". Em vez disso, os líderes podem descrever potenciais benefícios da estratégia, identificar premissas que devem se sustentar para que a estratégia dê certo e, em seguida, criar uma lista priorizada e sequenciada de atividades que conduzam a organização rumo àquela visão – testando premissas e fazendo ajustes ao longo do caminho. Essa lista sequencial de atividades é o que chamamos de backlog da empresa, ou "enterprise backlog", e é construída em conjunto com uma taxonomia de times.

Taxonomia de times

Do mesmo jeito que um time ágil cria um backlog do trabalho a ser feito no futuro, as empresas que conseguem escalar o ágil, em geral, começam criando um backlog e uma taxonomia dos times necessária para atingir os objetivos. Essa taxonomia identifica as principais soluções para os clientes e os processos de negócio e tecnologias que dão suporte a eles. Em seguida, determina onde estruturar os times e como coordenar ou combinar times que tenham interdependências críticas. No primeiro passo, são identificadas todas as experiências que poderiam afetar significativamente decisões, comportamentos e satisfação de clientes externos e internos. Em geral, podem ser divididas em cerca de dez ou mais grandes experiências. Por exemplo, uma das principais experiências de um cliente do varejo é escolher e pagar por um produto, o que por sua vez pode ser dividido em dezenas de outras experiências mais específicas (o cliente pode ter que escolher um método de pagamento, aplicar um cupom de desconto, resgatar pontos de programas de fidelidade, concluir o processo de pagamento e obter um recibo). O segundo passo examina a relação entre essas experiências do cliente e processos operacionais importantes (procedimento otimizado no caixa para reduzir tempo na fila, por exemplo) com o objetivo de reduzir a duplicação de responsabilidades e aumentar a colaboração entre times de processo e times de experiência do cliente.

O terceiro busca desenvolver tecnologias (como aplicativos melhores de pagamento pelo celular) para melhorar processos de negócios que darão suporte aos times de experiência do cliente.

A taxonomia de uma empresa que fatura 10 bilhões de dólares poderia identificar de 250 a 1.000 ou mais potenciais times. Esse volume assusta, e altos executivos normalmente não gostam nem de cogitar uma mudança dessa dimensão ("E se criarmos uns dois ou três times, só para vermos como evoluem?"). Mas o valor de uma taxonomia está em incentivar a exploração de uma visão transformadora e, ao mesmo tempo, dividir a jornada em pequenos passos que possam ser pausados, redirecionados ou interrompidos a qualquer momento. Além disso, ela ajuda líderes a perceber restrições. Depois de determinar que times você poderia criar e que tipo de pessoas seria preciso para cada um, por exemplo, é hora de perguntar: temos essas pessoas? Se tivermos, onde estão? Uma taxonomia revela seus gaps de talentos e o tipo de profissional que é preciso contratar ou reciclar para montar os times. Com isso, o líder também pode entender como cada time potencial contribui para o objetivo de proporcionar experiências melhores ao cliente.

A taxonomia da USAA, por exemplo, pode ser visualizada por todos na empresa. "Se você não tiver uma taxonomia muito boa, acabará tendo redundância e duplicação", disse Carl Liebert, diretor de operações (COO) na época em que fizemos a pesquisa deste livro. E completou: "Quero entrar em um auditório e perguntar: 'Quem é o dono da experiência de alteração de endereço do cliente?'. E quero uma resposta clara e segura de um time que responda por aquela experiência, esteja o cliente ligando para a central, acessando nosso site pelo notebook ou usando o aplicativo de celular. Nada de apontar o dedo para os outros, nada de respostas que comecem com 'É complicado...'". A intenção da taxonomia da USAA é esclarecer como engajar as pessoas certas para fazer o trabalho certo, sem criar confusão. Esse esclarecimento é particularmente importante quando estruturas organizacionais hierárquicas não estão alinhadas com o comportamento do cliente. Um exemplo: muitas empresas têm estruturas e P&Ls separados para operações digitais (on-line) e físicas (off-line) – quando se sabe que o cliente quer multicanais (omnichannel) perfeitamente integrados. Uma taxonomia clara que ative as equipes interorganizacionais certas torna esse alinhamento possível.

A essa altura, você já deve estar pensando em como vai bancar todas essas equipes. A resposta, na maioria dos casos, é eliminando atividades de inovação improdutivas e reconfigurando iniciativas de inovação contínua em times ágeis. Em geral, uma taxonomia acaba revelando que cerca de um terço das equipes de inovação atuais está trabalhando em coisas que o cliente não quer ou que a equipe não tem como entregar. Processos anteriores não tinham um mecanismo bom para interromper essas atividades – a não ser esperar que a verba acabasse. A agilidade muda isso. Para os times que continuam, os métodos ágeis devem aumentar a produtividade em pelo menos 20%, às vezes bem mais. À medida que times ágeis passam a redesenhar processos de negócios e tecnologias, novas eficiências surgem.

Sequenciando a transição

Com a taxonomia em mãos, o time de liderança estabelece prioridades e sequencia iniciativas. Os líderes devem considerar vários critérios, incluindo importância estratégica, limitações orçamentárias, disponibilidade de pessoas, retorno do investimento, custo de atrasos ("cost of delays"), níveis de risco e interdependências entre equipes. Os mais importantes – e mais frequentemente ignorados – são as dores ("pain points") sentidas por clientes e funcionários, de um lado, e os recursos e limitações da organização, de outro. É isso que determina o equilíbrio certo entre a velocidade imprimida à disseminação do ágil e o número de times que a organização é capaz de manter simultaneamente.

Uma série de empresas, diante de ameaças estratégicas urgentes e da necessidade de mudança radical, optou por um modelo "big-bang" de disseminação do ágil em algumas unidades. Uma delas foi o banco ING, que mencionamos lá na Introdução. Em uma entrevista, Bart Schlatmann, diretor de operações (COO) à época, fez a seguinte reflexão sobre a experiência:

> Ainda me lembro de janeiro de 2015, quando anunciamos que todo o pessoal no escritório da matriz estava em "mobilidade", o que na prática significava que estava sem emprego. Pedimos a todos que se candidatassem a uma posição na nova organização. Esse processo de seleção foi intenso, e, nele, a cultura e a mentalidade pesaram mais do que o conhecimento ou a experiência. Escolhemos cada um dos 2.500 funcionários da nossa organização como ela é hoje, e quase 40% estão em uma posição diferente da que ocupavam antes. Naturalmente, perdemos muita gente que tinha um bom conhecimento, mas não a mentalidade certa; mas é fácil recuperar conhecimento se as pessoas tiverem a capacidade intrínseca.[3]

É claro que o executivo está vendo a experiência pelo lado positivo. Já imaginou, no entanto, o pavor e o trauma que a iniciativa deve ter provocado na força de trabalho? Por que partir com uma medida tão arriscada e onerosa? Essa abordagem dá mais ênfase ao corte de custos do que à inovação e ao crescimento. Promover uma nova forma de trabalho com as pessoas preocupadas com a possibilidade de perder o emprego – e 40% delas exercendo novos papéis – é garantir à iniciativa um início turbulento. Sem contar que, com essa medida, a equipe de liderança simplesmente fez o oposto do que os valores ágeis recomendam.

O fato é que as transições big-bang são difíceis. Exigem o compromisso total da liderança, uma cultura receptiva, um número suficiente de gente com talento e experiência em agilidade para compor centenas de times sem esgotar outras capacidades na organização e manuais de instrução altamente prescritivos para alinhar a abordagem de todos. Requerem, também, uma alta tolerância a risco – além de planos de contingência para lidar com falhas inesperadas. Se a empresa não tiver isso tudo, o melhor é expandir o ágil em passos sequenciais, com cada unidade correlacionando o desenvolvimento de oportunidades de acordo com suas competências. Com um esboço da visão e um backlog sequenciado, os executivos seniores podem lançar uma onda inicial de times ágeis, reunir dados sobre o valor que esses times geram e os obstáculos que enfrentam e, só então, decidir se, quando e como dar o próximo passo. De novo, trataremos dessa questão – até onde avançar, com que rapidez – em mais detalhes no Capítulo 3.

Planejando interdependências

Uma das características da agilidade é dividir problemas complexos em módulos menores e mais gerenciáveis. É por isso que, entre outras coisas, uma empresa ágil precisa de tantos times ágeis. Mas coordenar e integrar esses módulos passa a ser uma tarefa central, que exige total transparência entre os times – para que cada um saiba o que os demais estão fazendo e quais serão os prováveis efeitos. Em um ambiente burocrático, tudo flui de volta a um hub centralizado para orientação e aprovação. Já uma empresa ágil precisa criar uma rede com núcleos, ou nós, que possam trabalhar uns com os outros sem esse hub central. É por isso que a transparência é essencial. Embora a tecnologia possa ajudar, a comunicação presencial é frequentemente necessária.

Às vezes, um pequeno escritório de gestão de programas também pode ajudar, tanto na coordenação como para complementar o time executivo. É bom lembrar, no entanto, que o objetivo é ser uma empresa ágil. Um escritório de programa ou de transformação não pode virar um fiscalizador do ágil ou vir a se interpor entre líderes e seus times. Deve seguir enxuto e focado em agregar valor aos processos, acompanhando os resultados dos times ágeis e sugerindo oportunidades de aprimoramento ao time executivo. Se a transição for tão importante quanto dizemos que é, o comitê executivo deve dedicar um tempo considerável a ela, como fez a Bosch. O escritório de gestão do programa também pode ser complementado por um centro de excelência de agilidade, focado principalmente em treinamento e coaching de times ágeis. Esses treinadores e coaches estariam disponíveis para todos, mas só entrariam em cena se um time solicitasse seus serviços.

Ao iniciar a transição, muitas empresas cometem o erro de tentar cortar caminho. Isolam times em incubadoras externas e intervêm a fim de criar soluções alternativas fáceis para obstáculos sistêmicos. Essa pequena ajuda aumenta as chances de sucesso de uma equipe, mas não produz o ambiente de aprendizado ou as mudanças organizacionais necessárias para a empresa operar com dezenas ou centenas de times ágeis. Os primeiros times ágeis da empresa vão selar o destino da iniciativa e devem ser postos à prova em condições realistas, diversas – como se faz com qualquer protótipo. As empresas de maior sucesso focam em experiências vitais do cliente que causam grande frustração entre silos funcionais.

Assim, nenhum time ágil deve entrar em ação enquanto não estiver pronto para isso. *Pronto* aqui não significa com tudo planejado em detalhe e costurado para dar certo. Significa que o time é (ou está):

- focado em uma oportunidade importante, de alto impacto;
- responsável por resultados, ou "outcomes", específicos;
- capaz de trabalhar de forma autônoma, guiado por direitos de decisão claros, dotado de recursos adequados e formado por um grupo pequeno de talentos multidisciplinares empolgados com a oportunidade;
- comprometido com a aplicação de valores, princípios e práticas ágeis;

- empoderado para colaborar estreitamente com clientes;
- capaz de criar protótipos com rapidez e acelerar loops de feedback;
- respaldado por líderes seniores que buscam eliminar impedimentos e agem para promover a adoção do trabalho do time.

Seja qual for a cadência ou a meta final, os resultados não devem demorar a aparecer. Resultados financeiros podem demorar mais (na Amazon, Jeff Bezos calcula que a maioria das iniciativas leva de cinco a sete anos para começar a dar dividendos), mas mudanças positivas no comportamento de clientes e na capacidade de resolução de problemas do time são os primeiros sinais de que a iniciativa está no caminho certo. No começo de sua transformação ágil, uma divisão de tecnologia avançada da 3M, a Health Information Systems, criava de oito a dez times a cada mês ou a cada dois meses; dois anos depois, havia mais de 90 times em operação. O Corporate Research Systems Lab da 3M começou mais tarde, mas criou 20 times em três meses. "O uso do ágil já acelerou entregas de produtos e permitiu o lançamento de um aplicativo beta seis meses antes do originalmente previsto", disse Tammy Sparrow, gerente sênior do programa na Health Information Systems.[4]

Harmonizando burocracia e inovação

Quanto mais times uma empresa cria, maior a probabilidade de atrito entre setores ágeis e setores burocráticos da organização. Antigamente, partia-se do princípio de que era preciso manter os dois separados, pois iniciativas de inovação invariavelmente seriam asfixiadas pela burocracia. É por isso que o sonho de muitos era o líder ambidestro, que seria igualmente capaz de administrar e de transformar o negócio. E é por isso que tantas organizações criaram skunkworks ou unidades operacionais autônomas para cuidar de inovações disruptivas.

Infelizmente, líderes assim são escassos, e iniciativas de skunkworks costumam morrer ainda na fase embrionária.

Uma empresa ágil, no entanto, precisa criar harmonia e complementaridade entre as operações e a inovação – e as mais avançadas nessa trajetória já descobriram como fazer isso. Como veremos no Capítulo 8, a Amazon, por exemplo, ergueu grandes negócios (e negócios inovadores) bem no coração da organização que já existia; além disso, estruturou funções burocráticas de modo a conciliá-las com iniciativas de inovação. Empresas ágeis geralmente confiam em ao menos três ferramentas para sincronizar esses dois lados.

Uma das melhores maneiras de eliminar o atrito – e colocar a organização no caminho certo – é envolver o operacional em times ágeis. Ou seja, incluir pessoas de operações em regime de dedicação integral em times que precisam do seu conhecimento. Ou disponibilizar outras para apoio em sua área de especialização sempre que o time ágil precisar de assessoria urgente. Ou criar times ágeis com muita gente de operações para rever padrões operacionais atuais e reformular processos de negócios e tecnologias com o objetivo de instituir novos padrões de eficiência e qualidade. Gerar confiança e colaboração entre inovadores e operadores. Garantir que inovações ágeis vão perdurar e efetivamente escalar em condições operacionais reais. Além disso, à medida que aprendem mais sobre os valores e os princípios ágeis, aqueles que executam as operações provavelmente começarão a explorar oportunidades para aplicá-los em seus próprios setores. As perguntas na próxima página sugerem maneiras de como uma empresa pode ajudar mais gente a entender e colocar em prática princípios ágeis. A adoção de valores e princípios ágeis por toda a organização facilita muito a etapa final de sincronização de operações e inovações.

Pessoas que trabalham em áreas de suporte e controle – os burocratas – também podem entrar para times ágeis e levar valores e parte dos princípios de volta a suas próprias unidades, criando o que poderia ser chamado de burocracia em harmonia com a agilidade. Ainda que não operem como times ágeis, as áreas burocráticas podem aprender a melhorar sua burocracia. De novo, as perguntas da próxima página servem de diretriz para promover mudanças necessárias. Líderes burocráticos podem ter mais humildade. Podem se mostrar mais dispostos a questionar o valor de projeções. Podem passar a encarar inovadores como clientes. Uma vez assimilada, a mentalidade ágil em geral cria raízes. Quando os burocratas começam a levar esses questionamentos a seus líderes, é muito provável que a agilidade floresça.

O conceito ágil da sprint também é um forte mecanismo para harmonizar a organização. Sprints são um jeito rápido e barato de reduzir tempos de espera e acelerar a adaptação. Conseguem converter programas grandes e longos em problemas menores que usam loops de feedback rápidos com clientes, sejam eles internos ou externos. Isso permite que pessoas trabalhando em sistemas complexos possam rapidamente iniciar, interromper ou pivotar atividades em resposta a mudanças ou novas demandas. A sprint é como um mecanismo que sincroniza rodas maiores e mais lentas de uma engrenagem com outras, de rápida rotação. Quando uma empresa usa sprints, inovações radicais não precisam ser apostas de longo prazo do tipo que tira o sono de burocratas; viram ações breves que podem ser regularmente revistas e ajustadas. Da mesma forma, atividades pesadas de planejamento e custeio não precisam seguir ciclos anuais, obrigando times de inovação a esperar para agir ou adiar a morte de iniciativas malsucedidas. Dividir um processo longo e monolítico de planejamento e orçamento em sprints trimestrais minimiza a espera e eleva a eficiência do fluxo. E é provável que a empresa encontre oportunidades de aumentar a agilidade não só no planejamento e no orçamento, mas também na avaliação de desempenho, nas análises de processos de negócios, em mudanças estruturais, em programas de comunicação e muito mais.

Dez perguntas a fazer antes de criar mais times ágeis na empresa

Escalar o ágil é sempre um desafio. As perguntas a seguir ajudarão sua empresa a começar com o pé direito.

1. Onde é possível dar maior autonomia e poder de decisão às pessoas de forma prudente?
2. Deveríamos ensinar mais profissionais a criar backlogs para poderem priorizar e sequenciar o trabalho?
3. Como a equipe pode coletar mais feedback de clientes?
4. Como a equipe pode minimizar o trabalho inacabado e em andamento (o WIP)?
5. É possível fazer retrospectivas regulares para descobrir maneiras melhores de trabalhar?
6. Uma reunião de coordenação de 15 minutos pela manhã ajudaria a aumentar nossa colaboração?
7. Deveríamos adotar métricas e incentivos mais centrados em times para promover maior colaboração?
8. Como dar feedback sobre o desempenho com mais frequência e mais rapidez?
9. Onde é possível eliminar o trabalho de baixo valor?
10. Onde é possível usar experimentos e desenvolvimento iterativo incremental?

Frameworks para escalar o ágil

Antes de encerrar o tema da expansão do ágil, é útil conferir alguns dos frameworks disponíveis para colocar isso em prática. Afinal, para gerenciar o ágil em escala, os líderes precisam saber o suficiente para definir o que querem dizer com ágil e que metodologia vão usar. Nossos clientes sempre querem saber: qual é a melhor metodologia?

Infelizmente, não temos uma resposta simples. Há dezenas de frameworks ágeis. Sem dúvida é mais fácil gerenciar times ágeis se todos estiverem usando as mesmas metodologias. Mas é mesmo necessário? É possível que alguns usem Scrum enquanto outros adotam Kanban, Extreme Programming (XP), Crystal, Dynamic Systems Development Method (DSDM) ou algum método híbrido? Como sempre, a resposta está no equilíbrio e nos trade-offs. De um lado, exigir uniformidade é impor burocracia à agilidade – um caminho sem volta. De outro, multiplicar o número de frameworks traz custos concretos: as despesas com treinamento sobem, aumenta a dificuldade de transferir gente de um time para outro, a troca de melhores práticas entre times é prejudicada, os custos de coordenação e comunicação aumentam e planejar roadmaps e datas de release envolvendo vários times fica mais complexo.

Estipular uma abordagem ou duas para times ágeis é relativamente fácil – e é bem provável que o Scrum seja uma delas (lembrando que o Scrum Inc. e o Scrum@Scale mantêm parcerias com a Bain & Company no momento). O Scrum tem dez vezes mais usuários que o método vice na liderança, o Kanban. O Scrum vem sendo testado e refinado por milhares e milhares de usuários há mais de 25 anos. É um framework flexível, que pode ser facilmente combinado com outras abordagens, incluindo Kanban e XP. Seu material de treinamento é bom, e as dicas do usuário são abundantes. Quase todo software de gestão de projetos e sistemas de escala parte do princípio de que os usuários estarão trabalhando em times Scrum.

Já definir um framework para escalar o ágil é mais complicado, e esses frameworks só começaram a surgir por volta de 2010. Pesquisas recentes com usuários indicam que os quatro mais populares são Scaled Agile Framework (SAFe), "Não sei", Scrum of Scrums (também conhecido como Scrum@Scale) e "Métodos criados internamente".[5]

Em outras palavras, o espaço segue aberto, e novos players continuam surgindo. A lista dos mais recentes inclui Spotify Model, Disciplined Agile Delivery (DAD), Large Scale Scrum (LeSS), Enterprise Scrum, Lean Management, Agile Portfolio Management (APM), Nexus e Recipes for Agile Governance in the Enterprise (RAGE). É natural que as pessoas fiquem confusas.

Descrever todos esses frameworks ou recomendar qualquer um deles está além do escopo deste livro. Os debates competitivos travados entre os adeptos de diferentes metodologias, em geral, envolvem mais fanatismo do que a conhecida troca colaborativa de ideias que levou ao manifesto ágil – e essa disputa certamente não será resolvida aqui em um ou dois parágrafos. Já trabalhamos bastante com a maioria desses frameworks e entendemos por que cada um deles tem fiéis defensores. No entanto, escolhas prudentes dependem menos de qual framework é o melhor e mais de quais frameworks são mais adequados para as necessidades específicas da empresa em questão. Assim, vamos explorar brevemente algumas vantagens e desvantagens dos três frameworks mais populares e mostrar para que ambientes operacionais são mais indicados.

Scaled Agile Framework (SAFe)

O SAFe foi lançado oficialmente em 2011 e já tinha seis grandes atualizações quando a edição americana de nosso livro entrou em gráfica. Cerca de 30% das empresas que escalam o ágil dizem usar o SAFe – que é, de longe, o mais detalhado e prescritivo de todos os frameworks. Quem entra no site do SAFe pela primeira vez pode ficar atordoado com o volume e a especificidade do framework (uma busca com a função "site search" do Google produz 2.390 páginas indexadas no site do Scaled Agile Framework; no Enterprise Scrum, são 41). O SAFe se baseia fortemente no Scrum e oferece prescrições para quatro níveis de escala: time, programa, grandes soluções e portfólio. Sua premissa básica é que o trabalho de inovação deve ser dividido em cadeias de valor focadas em necessidades do cliente. A maioria dessas cadeias trabalha com cinco a dez times ágeis (50 a 150 pessoas) que, juntos, formam um "release train". Se a cadeia de valor exigir mais times, criam-se mais release trains. O SAFe institui vários papéis novos, como "lean portfolio manager", "epic owner", "enterprise architect", "solution architect", "solution manager", "solution train engineer", "product manager", "system architect", "release train engineer" e "business owner". Além disso, adiciona uma série de eventos e artefatos para escalar o Scrum. A atualização de 2020 (SAFe 5.0) focou no fortalecimento de sete grandes competências: liderança lean-agile; agilidade técnica e de times; entrega ágil de produtos; entrega de soluções empresariais; gerenciamento de portfólio enxuto; agilidade organizacional e cultura de aprendizagem contínua.

Entre as vantagens do SAFe estão o detalhamento e a extensão dos procedimentos, seus programas de treinamento, uma visão geral de performance que extrapola o nível de times, o forte apelo entre executivos que desejam controle e sua capacidade de coordenar interdependências entre times. Outro ponto forte é o desenvolvimento e gerenciamento de uma taxonomia completa de times. Muitos usuários do SAFe elogiam os processos de alinhamento e coordenação, conhecidos como planejamento de incremento de programas (PI Planning ou "big room"), que sincronizam times a cada intervalo de 8 a 12 semanas. As desvantagens incluem a rigidez de suas prescrições, a limitada aplicação a inovações sem relação com a tecnologia e com o desenvolvimento de software, o custo e a quantidade de tempo exigidos para planejar e coordenar atividades, o volume de controle top-down que acaba sobrecarregando os processos de escala e uma falta de atenção com a harmonização de áreas de suporte e controle como RH, marketing e atendimento ao cliente.

De modo geral, o SAFe produz resultados melhores em organizações que combinam foco intenso em tecnologia com arquiteturas monolíticas. Funciona bem em empresas que temem a ambiguidade, que querem manter um grau considerável de controle top-down, que não creem que precisam de inovações revolucionárias e que precisam sincronizar um grande volume de interdependências entre times. Naturalmente, o SAFe também pode dar certo quando a organização tem experiência e confiança suficientes para customizar o processo e flexibilizá-lo para que seja compatível com necessidades específicas da cultura da organização.

Scrum@Scale (Scrum of Scrums)

Jeff Sutherland, um dos criadores do Scrum, lançou oficialmente o Scrum@Scale em 2014. Sutherland, no entanto, é o primeiro a observar que desde que o Scrum surgiu – cerca de 25 anos atrás – sempre houve times de times Scrum. Sutherland desenhou o Scrum@Scale para coordenar uma multiplicidade de times com uma "mínima burocracia viável" naquilo que ele chama de arquitetura "scale-free". O sistema é projetado para se expandir por toda a organização: todas as áreas, todos os produtos e todos os serviços em todo tipo de organização. Sutherland intencionalmente evita criar uma complexidade que possa interferir na produtividade de cada time Scrum. O Scrum@Scale simplifica a escalada "usando Scrum para escalar Scrum"; sua expansão ocorre a um ritmo sustentável de mudança definido pela organização. Comparado ao SAFe, o framework almeja uma transformação muito mais completa da empresa – mas com menos processos prescritivos.

Para coordenar interdependências entre times, o framework reúne regularmente os product owners de todos os times para discutir o *que* cada time está fazendo, com a participação dos Scrum masters para compartilhar *como* está sendo feito. Ou seja, em vez de juntar times inteiros para sessões de coordenação, o Scrum@Scale reúne representantes dos times para administrar interdependências. O framework busca construir os valores de abertura, coragem, foco, respeito e compromisso em toda a organização – usando, no processo, transparência, inspeção e adaptação. Uma equipe executiva – a Executive MetaScrum Team – faz o papel de product owner para a organização inteira, trabalhando com product owners para traçar a visão organizacional, definir prioridades estratégicas e alinhar times em torno de objetivos comuns. Um Executive Action Team cumpre o papel de Scrum master para toda a organização, trabalhando com os demais Scrum masters para remover entraves que estejam impedindo o progresso dos times. As duas equipes executivas usam as mesmas métricas e ferramentas de feedback para interligar seu trabalho.

Entre as vantagens do Scrum@Scale estão a ambição de aumentar a agilidade da organização toda, a total consistência do framework com valores, princípios e práticas bem-sucedidas do Scrum e a redução de níveis e gargalos de burocracia com um custo de overhead muito baixo. Seus fãs também apontam o foco do framework em diminuir o tempo necessário para a tomada de decisões e o alto grau de transparência, o que permite aos times reduzir rapidamente o trabalho que não gera valor. O Scrum@Scale reconhece o papel de equipes de conhecimento e infraestrutura que dão suporte a times Scrum – mas que não operam formalmente como times Scrum. As desvantagens incluem um número limitado de especificações e práticas prescritas, poucas técnicas para a coordenação eficaz de um grande número de times altamente interdependentes e poucos exemplos concretos de transformação de sucesso em empresas inteiras. Empresas que já utilizam outro framework (como o SAFe) podem achar difícil a transição para o Scrum@Scale e provavelmente vão optar por manter elementos de frameworks prévios que considerem de extrema utilidade.

De modo geral, o Scrum@Scale dá resultados melhores em organizações que estão confortáveis com a abordagem do Scrum e querem escalar de um jeito que reforce valores e princípios fundamentais do Scrum. Funciona bem quando a empresa tolera certa ambiguidade e quer customizar sua abordagem para a expansão. É eficaz quando a organização quer mais foco em inovações revolucionárias, não no controle top-down.

Modelo Spotify

O Spotify, o serviço de streaming de música digital, dificilmente poderia ser mais claro sobre seu modelo de escala. O Spotify criou o modelo para escalar times ágeis na organização e na cultura de engenharia próprias da empresa – e alerta que o modelo está em constante evolução e que não devia ser copiado por outras empresas e nem mesmo por outras áreas do próprio Spotify. Apesar disso, desde que Henrik Kniberg e Anders Ivarsson publicaram um artigo sobre a expansão do ágil na empresa, em 2012, muita gente vem ignorando esse alerta, copiando a estrutura de engenharia do Spotify e tentando aplicá-la em suas respectivas organizações.[6] O resultado é uma proliferação de squads, tribes, chapters e guilds – a terminologia que o Spotify adota. Squads (ou esquadrões) são como times Scrum. Tribes (ou tribos) são grupos de dez ou menos squads (menos de cem pessoas) que trabalham em áreas correlatas. Chapters (ou capítulos) reúnem indivíduos de uma determinada área de especialização que trabalham em uma mesma tribo em um esquema matricial. Guilds (ou guildas) são comunidades informais de interesse para troca de conhecimentos e práticas.

O modelo Spotify é intuitivo e fácil de entender. Funciona bem na área de engenharia do da própria empresa, embora não seja um fator relevante em áreas como planejamento estratégico ou financeiro. A abordagem preconiza times com bastante autonomia, movidos por uma ambição comum. Permite que cada time defina como irá trabalhar, incentivando flexibilidade no uso de ferramentas e técnicas ágeis. Uma desvantagem é ser pouco prescritivo. Como criou o modelo para uma cultura que já existia, o Spotify não precisou ditar nem mudar todas as normas culturais e formas de trabalhar que o tornam tão eficaz. Ao adotar esse modelo, muitos supõem que o segredo do sucesso esteja na estrutura da organização – quando, na verdade, essa estrutura capitaliza a confiança e a colaboração inerentes à cultura do Spotify. Além disso, o modelo não vai fundo no desenvolvimento de taxonomias lógicas e na gestão de interdependências entre times, já que no Spotify há menos interdependência entre times do que na maioria das organizações, devido à arquitetura modular de seus produtos e de sua tecnologia. Se uma empresa tenta copiar o modelo do Spotify, mas tem linhas de produtos que exigem forte coordenação de interdependências, o resultado em geral vão ser estruturas de tribos que provocam caos. O modelo não prevê estruturas, papéis ou direitos de decisão para áreas que não o desenvolvimento – como operações, suporte e controle.

Em geral, o modelo Spotify é bom para áreas de inovação que tenham uma cultura e uma arquitetura semelhantes às do Spotify. A cultura de engenharia do Spotify sempre preconizou uma liderança servidora (a "servant leadership"), a minimização de interdependência entre times, a autonomia, decisões democráticas e a inovação (mais que evitar riscos). Adaptar o modelo Spotify a outras culturas ou a outras áreas da empresa requer uma customização sofisticada.

Como essas breves descrições demonstram, há muita variação entre diferentes modelos para escalar o ágil, e o sucesso de cada um vai depender muito do ambiente organizacional e cultural da empresa. Todos os frameworks são úteis, mas até aqui nenhum acumula fortes cases de sucesso na criação de empresas ágeis. Enquanto esse dia não chegar, empresas terão de combinar, customizar e potencializar os frameworks para que sirvam à sua situação específica.

Cinco principais aprendizados

1. Há diferenças importantes, tanto de mentalidade quanto de método, entre organizações que se propõem a criar empresas ágeis ("agile enterprises") e as que optam por ter o ágil em escala ("agile at scale").

2. Criar dezenas ou centenas de times ágeis já é suficiente para ter ágil em escala. Mas se a mentalidade e os sistemas operacionais predominantes seguirem sendo burocráticos, vão limitar o potencial do ágil.
3. Para criar uma empresa ágil, é preciso equilibrar e integrar operações com inovação. Empresas ágeis tocam os negócios de modo confiável e eficiente, promovem mudanças para aproveitar oportunidades inesperadas e sincronizam os dois tipos de atividade.
4. A melhor maneira de gerenciar a transição para uma empresa ágil é gerenciá-la como qualquer outro time ágil.
5. Empresas que se tornam ágeis veem grandes mudanças em seus negócios. A expansão do ágil muda o mix de trabalho – há uma dedicação maior à inovação, em comparação com operações de rotina.

3

Quão ágil você quer ser?

Alerta de spoiler: a pergunta do título deste capítulo é uma pegadinha. Em breve você verá por quê. Mas, agora, vamos ver uma jornada totalmente distinta.

Mark Allen tinha 24 anos em fevereiro de 1982. Dois anos antes, tinha terminado a faculdade. Nadador forte, estava trabalhando como salva-vidas na cidade de San Diego e, aqui e ali, disputando alguma competição da categoria. San Diego foi o berço do triatlo moderno – uma combinação de provas longas de natação, ciclismo e corrida. O esporte ainda era novo, e muita gente questionava se teria futuro.

Mas Allen fora fisgado. Naquele mesmo mês, tinha decidido disputar a sexta edição do Mundial do Ironman, marcado para outubro daquele ano no Havaí. Era uma prova dura: 3,8 quilômetros de natação, 180,2 quilômetros de bicicleta e, para encerrar, os 42,2 quilômetros de uma maratona completa.

A primeira coisa que Allen fez foi checar o tempo dos melhores triatletas do mundo na corrida. Descobriu que era de quase cinco minutos por milha [3min12s por quilômetro], e então cumpriu essa meta. Correndo a esse ritmo, sua frequência cardíaca chegava a 190 batimentos por minuto, mas Allen acreditava na filosofia de treinamento da época:

"no pain, no gain" [sem dor, sem ganho]. Infelizmente, não funcionou, e Allen não conseguiu completar a prova de 1982.

Nos dois anos seguintes, o rapaz foi pegando mais e mais pesado. "Treinava muito, o tempo todo", revelou em uma entrevista tempos depois. "Às vezes, tinha um resultado bom em uma prova, pois isso dá um certo condicionamento físico. Mas, a longo prazo, aquilo foi me esgotando, fui tendo lesões pequenas que me deixavam parado por dias. E, depois de uma prova, quase sempre caía doente."[1]

Foi quando Allen conheceu Phil Maffetone, um treinador com uma filosofia bem diferente. Maffetone recomendava trabalhar a um ritmo puxado mas sustentável – a chamada frequência cardíaca aeróbica máxima. Há métodos sofisticados para determinar esse nível para cada pessoa, incluindo análise de gases expirados ou níveis de lactato no sangue, mas são testes feitos com equipamentos e análises nada baratos. Maffetone tinha criado bons substitutos usando algumas variáveis simples, como idade, condicionamento físico, experiência e condições médicas.

Com base nisso, Allen determinou que sua frequência cardíaca ideal era de cerca de 155 batimentos por minuto. Para manter essa frequência, teria de desacelerar. Passou a fazer uma milha em 8min45s em vez de 5min30s – mais de três minutos a mais. Era um constrangimento, e Allen se perguntava se o treinamento estaria funcionando. Ao mesmo tempo, se sentia mais forte. Em vez de encarar o treino seguinte com apreensão, começou a curtir as corridas:

> Durante uns três anos, meu tempo foi melhorando cada vez mais – até um dia em que a velocidade máxima caiu. A certa altura, você não consegue mais melhorar. Depois de cerca de três anos, no final da temporada, eu estava correndo a um ritmo de 5min30s--5min45s, a 155 batimentos por minuto. O que mudou foi que a queda de milha para milha diminuiu com o tempo. Digamos que eu corresse a primeira milha em 5min30s, a seguinte em 5min45s, outra em 6min e outra em 6min10s, algo assim. Com o tempo, essa

diferença foi ficando bem menor, de modo que eu podia correr duas, três ou quatro milhas e perder no total apenas 10 segundos, o que significava começar em 5min30s e, na terceira milha, ainda estar em 5min35s-5min40s. Há diferentes níveis de condicionamento físico: há a velocidade e há a capacidade de manter a velocidade ao longo do tempo.[2]

Allen treinou o corpo e a mente para superar a barreira fisiológica das três horas, depois a barreira das seis horas. Quando seu rendimento atingiu um platô, empregou uma série de técnicas para chegar ao nível seguinte, incluindo treinamento de velocidade, força e resistência, alimentação mais equilibrada, gestão de estresse e ajustes no regime de sono. Isso tudo virou parte de um sistema integrado de aprimoramento contínuo.

Sete anos depois de ter abandonado o primeiro Ironman que disputou sem ter completado a prova, Mark Allen venceu o mundial de 1989 em uma batalha épica com Dave Scott. De 1988 a 1990, venceu 21 corridas consecutivas. Em 1995, Allen acumulava seis vitórias no Ironman. A revista *Triathlete* o coroou "Triatleta do Ano" por seis vezes.[3] Em uma pesquisa da ESPN, ele foi eleito o maior atleta de todos os tempos na categoria de esportes de alta resistência.

Sua trajetória de salva-vidas ao topo do esporte traz lições importantíssimas sobre qualquer transformação humana – incluindo a criação de um sistema ágil em empresas. Organizações que embarcam na transformação para se tornarem empresas ágeis são como triatletas em treinamento. É um projeto ambicioso. Há um ritmo ideal. É provável que o esforço leve anos para dar resultados. Mas a empresa que conseguir será capaz de feitos que poucas outras sequer poderiam contemplar.

Como veremos neste capítulo, os desafios são praticamente análogos. O mesmo se pode dizer da trajetória que uma empresa deve seguir para poder determinar até que ponto – e com que rapidez – quer avançar.

Desafios

Assim como há uma frequência cardíaca ideal para um atleta, há um nível ideal de transformação para cada empresa e para cada atividade dentro dela. Em condições ideais, um sistema de gestão ágil funcionaria em um meio-termo entre a *insuficiência de mudança* – produzindo um sistema estático que demora demais a se adaptar – e o *excesso de mudança*, o que gera um sistema caótico em risco constante de sair do controle. Quando uma empresa está operando nesse ponto ideal, os benefícios de um sistema ágil superam em quantidade os custos, produzindo o maior valor líquido (a diferença entre os benefícios e os custos da agilidade) para a empresa (Figura 3.1).

FIGURA 3.1
O meio-termo da agilidade

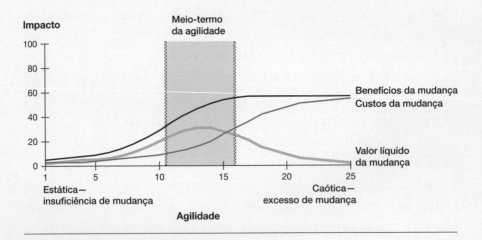

Insuficiência de mudança

Desses dois extremos, o sistema estático é o mais perigoso para a maioria das grandes empresas. A insuficiência de mudança ocorre com mais frequência em organizações de grande porte, e seu impacto é mais devastador. A burocracia sufoca a inovação. Empresas tradicionais do mercado são rapidamente ultrapassadas por insurgentes inovadoras. Reunir coragem e dinheiro para alcançar essas insurgentes vai ficando cada vez mais difícil. É por isso que a vida média das empresas do S&P 500 caiu de 60 anos, na década de 1950, para menos de 20 anos atualmente, com especialistas prevendo que poderia descer a 12 em 2027.[4] Exemplos horripilantes da derrocada de empresas que um dia foram puro vigor – Eastman Kodak, RadioShack, Polaroid, Blockbuster, Toys "R" Us e Xerox – espalham o medo da morte pela disrupção.

Excesso de mudança

O outro extremo – um sistema caótico – é igualmente perigoso, embora seja mais comum em pequenas startups do que em grandes empresas. Um estudo com 3.200 empresas de tecnologia em rápido crescimento mostrou que o principal motivo do insucesso de startups aceleradas é a expansão prematura – crescer depressa demais antes de validar devidamente conceitos fundamentais do negócio e de erguer sistemas operacionais que tragam estabilidade e possam ser replicados. Dados sugerem que, para validar seu mercado, as startups precisam do dobro ou do triplo do tempo do que a maioria dos fundadores calcula.[5]

É claro que empresas já bem desenvolvidas também podem padecer com sistemas caóticos. É o caso da Uber, por exemplo. Embora extraordinariamente inovadora, seus primeiros anos foram marcados pelo descaso com procedimentos operacionais, algo amplamente coberto pela mídia à época.[6] Essa deficiência levou a testes de veículos autônomos sem a devida autorização, a publicidade enganosa para recrutar motoristas, a acusações de abuso do poder econômico ("price gouging"), a denúncias de assédio sexual, a acusações de criar falsas chamadas de corridas na principal concorrente e a violações de privacidade. Já na Tesla, o engenhoso CEO Elon Musk admitiu que sua natureza impulsiva, seus tuítes inconsequentes e a falta de experiência operacional muitas vezes criaram caos na empresa. Prazos de produção e metas de preço estipulados por Musk para o Modelo 3 pareciam impossíveis de cumprir – e realmente eram. Problemas na gestão deixaram a Tesla às portas da falência. Entrevistado no programa *60 Minutes*, Musk disse: "Bom, pontualidade nunca foi meu forte. Veja bem, por que alguém acharia que eu, depois de ter atrasado todos os outros modelos, de repente cumpriria os prazos com esse? [...] Nunca fiz um carro com produção em série. Como vou saber com certeza quando vai ficar pronto?".[7]

Para determinar o ponto ideal, é preciso fazer projeções dos benefícios e dos custos de aumentar a agilidade. A agilidade pode produzir benefícios extraordinários, mas exige equilíbrio – e é preciso quantificar os trade-offs. Até estimativas aproximadas de benefícios e custos podem ajudar a definir expectativas realistas sobre quanto está em jogo, até onde deve chegar a transição ágil da empresa e com que rapidez esta deve avançar.

Benefícios importantes em geral incluem:

- *Crescimento maior da receita* devido ao lançamento de produtos melhores com mais rapidez, aprimoramento de serviços, maior poder de definição de preços (graças à maior inovação), criação de novos negócios, captação de novos clientes, retenção de mais clientes e maior CLV ("customer lifetime value").
- *Custos menores* devido a inovação mais eficiente, menos baixas de estoque obsoleto, maior capacidade de atrair e reter gente altamente qualificada, menor rotatividade de pessoal, maior moral e produtividade e eliminação de atividades improdutivas.
- *Menos ativos* devido a menos trabalho em andamento (work in process) e menos estoque.

Custos potenciais variam muito de empresa para empresa. Já que vários dos listados a seguir podem estar presentes, é preciso estimar seus efeitos:

- *Custos de transição*, incluindo necessidade de investir em novas tecnologias, custos de treinamento e coaching e perda de produtividade enquanto as pessoas se reorganizam e se familiarizam com novos métodos e papéis.
- *Custos de eficiência*, como menor utilização da capacidade instalada (para acelerar tempos de resposta), queda em economias de escala, duplicação de esforços, custo da menor uniformidade em certas atividades e custo da experimentação maior.
- *Riscos maiores*, incluindo risco de mais erros em decorrência da menor supervisão de indivíduos menos qualificados e capacitados e risco de variação maior em relação a projeções.
- *Custos organizacionais*, incluindo custo de coordenação entre equipes, custo de reunir todos do time em um mesmo local físico, maior rotatividade de pessoas que não combinam com abordagens ágeis e custo de mudanças mais frequentes em tarefas e em estruturas matriciais de reportes.

Deixar esses trade-offs bem claros ajuda a estabelecer expectativas realistas. E também explica por que estamos sempre enfatizando a importância do equilíbrio e de trade-offs – diferentemente de muitos gurus da agilidade por aí, que ao sugerir medidas cada vez mais radicais e precipitadas parecem estar em uma corrida para ver quem é o mais insano.

Aqui vai uma dica: antes de embarcar em uma jornada ágil, faça uma busca na internet por expressões como "agile doesn't work" [ágil não funciona]. Você verá mais de 40 milhões de resultados (é verdade), incluindo coisas do tipo "Why Isn't Agile Working?" [Por que o ágil não está funcionando?], "Back to Waterfall" [De volta ao cascata], "Why

'Agile' and Especially Scrum Are Terrible" [Por que o ágil e principalmente o Scrum são terríveis] e "Why People Give Up on Agile" [Por que as pessoas desistem do ágil]. É claro que ninguém deve acreditar em tudo (ou talvez em nada) que lê na internet, mas seria bom pelo menos conferir algumas dessas críticas, detectar problemas recorrentes e se preparar para enfrentar esses desafios.

Em tese, o mais sensato – e mais simples, até – seria permanecer dentro do meio-termo da agilidade para evitar riscos tanto da insuficiência como do excesso. É bom lembrar, no entanto, que esse ponto ideal nunca é exatamente o mesmo para duas empresas distintas. O equilíbrio varia de acordo com a indústria, a empresa e a atividade dentro do negócio (Figura 3.2). Além disso, é provável que mude com o tempo e com a experiência. É por isso que dois dos atalhos mais comuns para criar uma empresa ágil – copiar outra empresa e iniciativas "big-bang" – raramente funcionam. Iniciar uma transição ágil radical, de uma tacada só, requer um chute sobre o meio-termo ideal. Só que toda empresa é um sistema complexo que se comporta de modo aleatório e imprevisível – e projeções em geral não acertam quando as condições são vagas e incertas. Aliás, nós, humanos, simplesmente não somos tão bons de projeção quanto achamos. Dan Lovallo e Daniel Kahneman descrevem o que chamaram de "a falácia do planejamento": as pessoas tendem a superestimar a própria capacidade, exagerar seu poder de definir o futuro e subestimar custos, prazos e riscos ao planejar um projeto.[8] Phil Tetlock, professor da Wharton School (Universidade da Pensilvânia) e coautor de *Superforecasting: The Art and Science of Prediction*, sugere que um bom começo é partir do princípio de que nossas projeções são 50% corretas – a mesma probabilidade de acerto em uma aposta de cara ou coroa.[9]

É por isso que reestruturações ágeis do tipo "big-bang", por mais que estejam na moda, tendem a dar errado. Os líderes podem forçar

FIGURA 3.2
Condições típicas (acima) e condições ágeis favoráveis (abaixo)

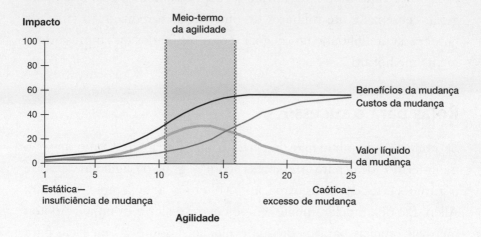

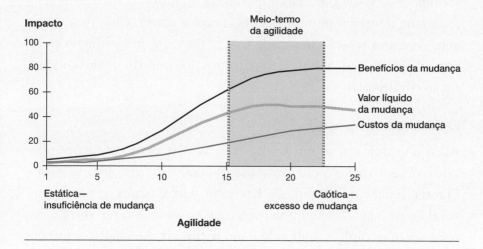

quase todo mundo a trabalhar em squads e tribos ágeis. Podem colocar pessoas com postura ágil, mas pouco conhecimento, em posições que necessitam de especialização. Tentam enxugar a folha – especialmente em áreas de suporte e controle – em 20%, 30%. E ainda assim não encontram o meio-termo ideal. Hoje, já há resultados de mais de cinco anos desses programas a serem estudados por especialistas. Embora empresas que seguem essa abordagem criem, em geral, centenas e até milhares de times ágeis e reduzam o custo da burocracia, a agilidade nos negócios e os resultados da empresa raramente melhoram.

Rotas para o sucesso

Se imitar e adivinhar não dá certo, o que funciona? Como achar o meio-termo ideal para a empresa, com o grau de agilidade certo e o ritmo certo de transformação? Voltemos ao exemplo de Mark Allen. Ele definiu claramente seu objetivo: vencer o Ironman. Adotou métricas cruciais para medir sua evolução. Usou essas métricas para identificar as restrições mais importantes e ajustou constantemente o programa de treino para superar barreiras e platôs. Com isso, conseguiu criar um sistema integrado que o ajudou a progredir no ritmo certo. Vejamos cada um desses elementos no contexto de uma organização empresarial.

Defina seu propósito

Allen não quis entrar em forma para vencer mais competições de salva-vidas, perder peso ou ganhar concursos de fisiculturismo. Queria vencer o mundial de Ironman. Uma empresa precisa ser igualmente clara. Nenhuma organização deve querer ser ágil só para ser mais ágil. A agilidade é um meio para se chegar a um fim – e esse fim provavelmente vai variar de organização para organização. Quanto maior o alinhamento organizacional em torno de um propósito claro e comum, mais fácil será acreditar que times autônomos farão as coisas certas sem necessidade de microgestão. Isso porque todos estarão comprometidos com o propósito por trás dos planos e poderão se adaptar de forma eficaz a circunstâncias inesperadas.

O modo como é expressado o propósito da empresa é muito importante. No caso da Warby Parker, é "vender óculos com estilo a um preço revolucionário e abrir caminho para negócios socialmente conscientes".[10] Ali dentro, os funcionários têm considerável liberdade, pois o objetivo é muito fácil de entender. A rede de livrarias Barnes & Noble, por outro lado, durante muito tempo expressou seu propósito da seguinte maneira:

> Nossa missão é ter a melhor operação de varejo especializado dos Estados Unidos, independentemente do produto que vendemos. Como o produto que vendemos é o livro, nossas aspirações devem condizer com a promessa e os ideais dos exemplares exibidos em nossas prateleiras. Dizer que nossa missão independe do produto que vendemos é diminuir a importância e a distinção de ser livreiros.
>
> Como livreiros, estamos determinados a ser os melhores do mercado, independentemente do porte, das origens ou da inclinação de nossos concorrentes. Continuaremos levando ao setor uma mescla de estilo e abordagem à venda de livros condizente com nossas aspirações em evolução.
>
> Acima de tudo, esperamos ser um aporte às comunidades que servimos, um recurso valioso para nossos clientes e um lugar onde nossos dedicados livreiros possam crescer e prosperar. Nesse sentido, não nos contentaremos em ouvir nossos clientes e livreiros, mas trabalharemos com a ideia de que a empresa está a serviço deles.[11]

Não importa quantas vezes você leia essa declaração, ela não fica mais fácil de entender. Já imaginou times ágeis na empresa tendo de agir por conta própria para satisfazer esse propósito?

Aliás, há diversos propósitos que, de saída, já são má ideia. Querer aderir a uma filosofia de gestão que está na moda é um deles. Cortar pessoal sem criar processos de gestão novos e jogar a culpa pelas demissões na agilidade é outro. Se for para adotar a agilidade pelas razões erradas, é melhor simplesmente não ser ágil.

Aprenda a medir a agilidade

Hoje em dia, muitos executivos gostariam que sua empresa fosse mais ágil. Alguns até já criaram pilotos para testar a ideia. Nossa experiência mostra, no entanto, que poucos sabem como avaliar exatamente o ponto em que se encontram ou medir o progresso. Tampouco sabem o que mudar, ou em que grau mudar para aumentar a agilidade da organização. Alguns decidiram contar o número de times ágeis já atuando; outros monitoram a quantidade de gente que já recebeu treinamento em técnicas ágeis. Só alguns poucos medem o impacto da agilidade no fluxo de caixa e no valor para o acionista (naturalmente, certos fanáticos da agilidade abominam a ideia de medir o valor ao acionista, o que é ridículo; o fato de o valor ao acionista não ser a única coisa importante não significa que não tenha nenhuma importância).

O problema aqui é fácil de constatar: não há métricas simples que toda e qualquer empresa possa usar para avaliar sua agilidade atual ou o progresso rumo a uma maior agilidade. O que a empresa deve fazer é criar indicadores próprios e customizados, testando – de modo ágil – as relações entre os principais componentes do sistema, incluindo entradas ("inputs"); atividades; saídas ou entregas ("outputs"); resultados ("outcomes") e propósitos (Figura 3.3). Para começar, vejamos cada componente desses:

- *Propósitos* são as grandes missões e ambições de uma empresa ágil. São os efeitos cumulativos de longo prazo de um sistema ágil de gestão e operação, como a ambição da Warby Parker de abrir caminho para um negócio socialmente consciente.
- *Resultados* (outcomes) são mudanças e benefícios a curto prazo alcançados por atividades e entregas (outputs) ágeis, em geral em

um a três anos. Isso inclui resultados como alterações na participação de mercado, receita, valor ao acionista, rentabilidade, hábitos de consumo de clientes e produtividade de equipes.
- *Entregas* (outputs) são o resultado direto e imediato do trabalho. Exemplos comuns de entregas na agilidade incluem produtos e serviços de maior qualidade, decisões mais rápidas, ciclos de desenvolvimento e time-to-market mais curtos, e times com produtividade e moral elevados. Áreas da empresa que não operam em times ágeis estão, mesmo assim, adotando valores ágeis e acelerando mudanças? O modelo operacional está contribuindo para a agilidade em vez de prejudicá-la? O sistema todo está colaborando de forma mais efetiva? Não dá para levar as entregas ao banco, mas é possível usá-las para determinar se as atividades estão produzindo os efeitos que deveriam trazer resultados positivos.
- *Atividades* são ações e processos que geram entregas (outputs). Isso inclui ações de altos executivos, de times ágeis, de operações e de funções de suporte e controle. Os líderes seniores estão adotando práticas ágeis em seu próprio trabalho? Eles confiam nas pessoas e deixam que trabalhem com autonomia? Estão criando uma cultura com foco obsessivo no cliente e capacidade de se adaptar rapidamente às novas necessidades desses clientes? As pessoas mais talentosas e inovadoras estão trabalhando nos times ágeis? Os times seguem valores, princípios e práticas ágeis, consistentemente? Há times ágeis em todas as áreas em que deveriam estar atuando? Os processos de planejamento, orçamento e alocação de recursos e pessoas são frequentes e flexíveis o bastante para que estes sejam rapidamente remanejados para as grandes prioridades da empresa?
- *Entradas* (inputs) são os recursos e pessoas disponíveis para ajudar a produzir resultados. Incluem recursos financeiros,

quantidade e qualidade de especialistas em agilidade, estruturas organizacionais, ferramentas de software e arquiteturas tecnológicas. Qual o grau de experiência da empresa com métodos ágeis? Qual a mentalidade dos líderes e normas culturais? Quais os recursos tecnológicos da empresa? Condições de mercado são outro input importante: setores particularmente turbulentos como tecnologia, produtos médicos e varejo exigem mais inovação e adaptação do que setores como a indústria primária ou o setor público. Prioridades estratégicas também pesam. Estratégias focadas na liderança de custos e na escala, por exemplo, exigem menos agilidade do que estratégias focadas na inovação.

Juntos, esses componentes criam o sistema de negócios ágil. Fazer o ágil do jeito certo significa combiná-los bem para que a empresa esteja trabalhando sempre a fim de atingir seus propósitos, mesmo em condições voláteis e imprevisíveis. Para *mensurar* a agilidade é preciso criar métricas em cada área.

Sabemos que isso tudo pode soar meio complicado. Na verdade, é só uma maneira de organizar, visualizar e ajudar você a lidar com a complexidade atual de modo a torná-la mais administrável. Para melhorar os resultados, é preciso entender de onde vêm esses resultados e, então, melhorar os processos que os produzem. O segredo é aprender a analisar sistemas dinâmicos com um grau de detalhe que gere insights, mas não seja paralisante – em suma, achar o equilíbrio e apostar mais uma vez na solução mínima viável.

Um exemplo pode ajudar. Um cliente nosso, do varejo, estava empolgado com o crescente número de times ágeis na empresa e a alta concomitante no crescimento da receita. Mas, quando foram analisar o que estava acontecendo em relação a distintos elementos, tiveram uma surpresa: a receita (resultado importante) vinha aumentando, porque o crescimento do setor estava acelerando. Já a participação da empresa

FIGURA 3.3

Cinco tipos de métrica

Entrada (inputs)	Atividades	Entregas (outputs)	Resultados (outcomes)	Propósitos
Recursos e pessoas disponíveis para produzir resultados	*Ações e processos usados para gerar resultados*	*O que as atividades produzem; resultados diretos e imediatos de atividades realizadas*	*Mudanças e benefícios trazidos por atividades e entregas (outputs)*	*Efeitos cumulativos e de longo prazo de atividades, entregas e resultados*
• Quantidade e distribuição adequadas de especialistas ágeis qualificados. • Treinamento de agilidade e habilidades de coaching adequados. • Estruturas organizacionais, culturas e arquiteturas tecnológicas que viabilizem práticas ágeis. • Instalações propícias.	• Líderes seniores trabalham como time ágil, confiam e dão autonomia às pessoas e têm obsessão pelos clientes. • Times adotam valores ágeis e escalam de forma efetiva. • Área de operações trabalha bem com times ágeis. • Sistemas de gestão dão suporte a valores e práticas ágeis.	• Produtos e serviços de maior qualidade. • Decisões mais rápidas e time-to-market menor. • Time com produtividade e moral elevados. • Cargas de trabalho mais sustentáveis.	• Maior crescimento de receita e participação de mercado. • Maior valor para o acionista. • Maior rentabilidade. • Mais relacionamento com o cliente e melhora nos comportamentos dos clientes. • Maior engajamento de funcionários.	• Progresso mensurável rumo à realização da missão e das ambições da empresa.

Fonte: adaptado de *W. K. Kellogg Foundation Logic Model Development Guide*, <https://www.wkkf.org/resource-directory/resource/2006/02/wk-kellogg-foundation-logic-model-development-guide>. Acesso em 22 jan. 2020.

nesse crescimento (um resultado mais importante) vinha caindo. Sua base atual de clientes continuava fiel como sempre, mas a empresa não estava conseguindo atrair a geração seguinte de consumidores, um segmento grande e em rápida expansão. Esse público novo não se deixava impressionar por métodos tradicionais de marketing ou merchandising. Quando comprava on-line, queria uma entrega mais rápida e confiável. Queria, nas lojas, uma experiência de consumo focada menos em marcas e mais em soluções, como maneiras mais naturais de cuidar da pele (entregas, ou outputs). Havia um time ágil na cadeia de suprimentos, mas sua função era aumentar a eficiência de armazéns tradicionais, e não melhorar custo e velocidade com a oferta de alternativas melhores para que o público comprasse pela internet e pudesse retirar imediatamente o produto nas lojas (atividades). Não havia times ágeis para garantir a compra das marcas certas, para criar as exibições certas nos displays ou para garantir as melhores experiências (mais atividades) para o consumidor. Pior, os times não tinham integrantes que representassem, ou mesmo entendessem, as necessidades da nova geração (entradas, ou inputs). Uma vez compreendidas essas relações de causa e efeito, times ágeis foram trabalhar nisso, melhorando as entradas, as atividades, as entregas, os resultados e os propósitos.

Use métodos ágeis para definir o quão ágil você deve ser

A essa altura, já deve estar claro por que o título do capítulo – "Quão ágil você quer ser?" – era uma pegadinha. No início de uma jornada ágil, é quase impossível saber a resposta. Prever, comandar e controlar é uma abordagem temerária para qualquer inovação, mas sobretudo para a concepção e o desenvolvimento de um novo sistema de gestão e operação de negócios. Por mais irônico que seja, executivos ansiosos por ver centenas ou milhares de times seguindo princípios e práticas ágeis às vezes recorrem instintivamente a métodos burocráticos para conceber, desenvolver e implementar o novo sistema. Uma velha máxima, atribuída a Albert Einstein, diz que não dá para resolver um problema usando a mesma forma de raciocínio que o criou. E, no entanto, é exatamente isso que muitos executivos fazem ao abordar a transformação ágil. A lista de equívocos é variada:

- Em vez de mostrarem humildade intelectual e admitirem que a visão norteadora é como um protótipo que vai sendo adaptado à luz da experiência, os líderes tentam maximizar a motivação para mudar fingindo ter todas as respostas. Impõem estruturas organizacionais inflexíveis e destroem tudo o que veio antes para que não haja dúvidas sobre seu compromisso.
- Em vez de reconhecerem os profissionais internos da linha de frente como os clientes mais importantes da liderança – pessoas que deveriam participar do processo de inovação e que, em última instância, farão o sistema funcionar –, os executivos tramam a portas fechadas e revelam as mudanças por meio de comunicados de imprensa públicos.
- Em vez de ouvirem o feedback de profissionais internos experientes como uma oportunidade valiosa para melhorar, os líderes recebem essa opinião como crítica de indivíduos que resistem à mudança e que, se não se ajustarem, deverão ser demitidos.
- Em vez de reagirem às mudanças, os escritórios de gestão de programas montam gráficos de Gantt complexos, com semáforos vermelhos para indicar quem se desvia dos planos.

O valor das métricas acima (Figura 3.3) está em concentrar ações corretivas em obstáculos reais. Sempre há pelo menos um obstáculo impedindo o progresso, mas normalmente há menos obstáculos do que a maioria das pessoas pensa. Trabalhar para solucionar problemas que não constituem um obstáculo não vai aumentar a produtividade e, geralmente, é desperdício de tempo, dinheiro e energia. É por isso que a corrida para reorganizar a empresa é sempre menos útil do que os líderes esperam. Em geral, é um disfarce para outros problemas e gera mais trauma do que valor.

Na maioria das vezes, a reestruturação não passa de um eufemismo para cortar gente. Já parou para se perguntar como e por que certas empresas vão da descentralização à centralização e de volta ao começo, aproveitando cada guinada dessas para demitir gente e reduzir custos? Ou por que entram em outras cirandas, como trocar a estrutura funcional por uma de produtos e depois por uma matricial, só para voltar de novo ao ponto de partida? Como é possível que toda mudança traga mais corte de custos? O motivo, em geral, é que a equipe executiva estipula uma cota de custos primeiro e só então desenha a estrutura organizacional para atingi-la, deixando que os profissionais impactados lidem com as consequências. A transição ágil pode, a certa altura, produzir mudanças organizacionais, inclusive contínuas. Mas a estrutura organizacional quase nunca é o principal obstáculo, e empresas raramente precisam (ou se beneficiam) de demissões em massa.

A agilidade, em si, traz muitas maneiras de avançar por uma transição ágil com maior valor e menor custo. Foque em atuar nos gargalos reais. Ponha a equipe de liderança para trabalhar como um time ágil. Deixe claro qual é a ambição comum. Não é suficiente? Interrompa atividades que não interessam ao cliente e que os times não podem entregar. Troque grupos de inovação ineficazes por times ágeis. Ainda não é o bastante? Adote processos mais simples e intervalos mais curtos para o planejamento e a definição do orçamento. Faça funções de suporte e controle mudarem seus processos para satisfazer melhor os clientes internos. Se o sistema continuar desequilibrado, dê feedback sobre o desempenho com mais frequência. Se essas soluções mais simples funcionarem, será possível continuar trabalhando para melhorar e, ao mesmo tempo, adiar ou evitar algumas das soluções mais onerosas e dolorosas.

Essas alavancas de mudança acabam, na prática, constituindo o backlog da equipe de liderança ágil. O time de liderança está criando um sistema novo, ágil e muito inovador, e essas são as caraterísticas que, em última instância, se combinarão para fazer o sistema funcionar. Assim como qualquer outro time ágil, a equipe de liderança prioriza, sequencia e harmoniza as atividades para criar o maior valor ao menor custo. Seus membros trabalham juntos como um grupo multidisciplinar para criar o sistema, eliminar impedimentos e pivotar, caso haja resultados imprevistos. É um processo parecido ao feito por um bom engenheiro de som, uma mistura de arte e ciência. Se os agudos estão exagerados mas é difícil mudar, você sobe os graves. E não mexe mais do que o necessário, pois isso cria outros problemas que vão exigir correções que, por sua vez, exigirão correções adicionais (Figura 3.4; veja definições no apêndice B).

Cada alavanca dessas pode ser de imenso valor quando aplicada ao problema certo, na sequência certa, do jeito certo. Não podemos detalhar todas as possibilidades neste livro, mas veremos como aplicar várias das técnicas mais populares de gestão de mudanças nos capítulos 4 a 8.

Quase 20 anos antes de surgir o manifesto ágil, Mark Allen estava descobrindo, por conta própria, os princípios e as práticas do manifesto. Seu objetivo era vencer o mundial do Ironman. Para chegar lá, era preciso acertar um alvo em movimento. O primeiro vencedor do mundial, em 1978, completou a prova em 11h46min58s. Em 1982, quando Allen adotou como técnica reproduzir os resultados dos principais adversários, o tempo do vencedor foi de 9h19min41s, e o do segundo colocado, de 9h36min57s. Esse benchmarking não só estava deixando Allen física e mentalmente esgotado, mas também limitando seu potencial. Em 1989, quando cumpriu o objetivo e venceu seu primeiro Ironman, Allen concluiu a prova em 8h09min14s[12] – mais de três horas e meia a menos do que o tempo dos pioneiros. Allen aprendeu

FIGURA 3.4

Equilibrando o modelo operacional da empresa ágil

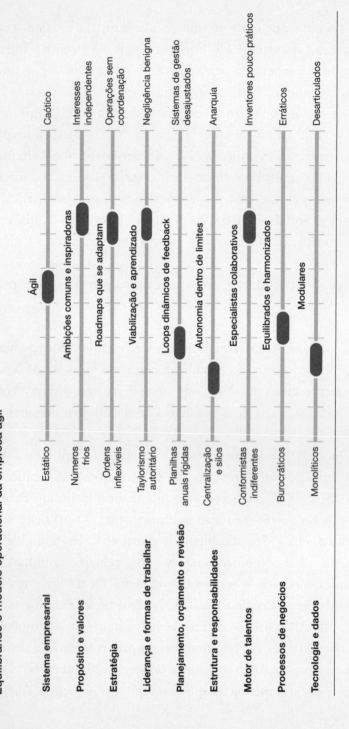

106 Ágil do jeito certo

a treinar a um ritmo puxado, mas sustentável. Foi paciente e adotou uma visão de longo prazo. Ao treinar na frequência ideal para ele, seu rendimento foi melhorando sem parar.[13]

Imaginar a si mesma e suas respectivas organizações como triatletas se preparando para uma prova é uma boa analogia para a cúpula da empresa. A frequência cardíaca máxima é o ritmo de mudança sustentável da organização. No lugar de ferramentas e técnicas como treinamento de força ou dieta equilibrada para melhorar o rendimento, entram em cena comportamentos da liderança, normas culturais, sistemas de planejamento e custeio, estruturas organizacionais, desenvolvimento de pessoas, processos de negócios e tecnologia. Nos próximos capítulos, veremos como priorizar, sequenciar e implementar essas técnicas.

Cinco principais aprendizados

1. Mais agilidade nem sempre é melhor. Há uma faixa ideal de agilidade para toda empresa e para toda atividade dentro de uma organização.
2. No início da transição ágil, é quase impossível prever qual será essa faixa ideal. Você ainda não sabe o que está tentando desenvolver e como deveria proceder – e, naquele momento, nem tem como saber. São muitas variáveis, todas evoluindo de forma rápida e aleatória. Abordagens burocráticas raramente dão certo nessas condições. É preciso desenvolver e implementar o sistema empresarial ágil como um programa perpétuo de inovação: testando, aprendendo e se adaptando continuamente, como faria qualquer outro time ágil.
3. Um programa ágil efetivo se adapta ao feedback empírico sobre entradas (inputs), atividades, entregas (outputs), resultados (outcomes) e propósitos. No momento, poucas organizações possuem dados suficientes para avaliar seu grau atual de agilidade ou se estão conseguindo melhorá-lo.
4. Identificar e quantificar potenciais benefícios e custos da criação de um sistema de gestão e operação empresarial ágil é difícil, mas compensa.

E, ainda que seja alta a probabilidade de que estimativas estejam incorretas, não faz mal. Serão suficientes para esclarecer muitas dúvidas, incluindo quanto valor está em jogo e quanto vale a pena investir em tempo e dinheiro.

5. Para administrar a transição ágil, use métodos ágeis. Pense em você e na organização como triatletas treinando para uma prova. Adote um ritmo puxado, mas sustentável. Seja paciente e tenha uma visão de longo prazo. Quando sentir que o rendimento estacionou, aprenda a usar uma série de ferramentas e técnicas para superar obstáculos e atingir o nível seguinte de desempenho.

4
Liderança ágil

A Bosch Power Tools é uma importante divisão do grande grupo alemão de tecnologia, focada em ferramentas elétricas. Com cerca de 20 mil funcionários em mais de 60 países, teve um faturamento de 4,6 bilhões de euros em 2018. Henk Becker, que se tornaria CEO em 2019, iniciou a transformação ágil da divisão em 2016. Montou um time de seis pessoas, subordinado a ele, para orientar e apoiar as seis unidades de negócios da divisão, as organizações de vendas e a matriz da divisão durante o processo.

Três anos depois, quem visitava a divisão podia ver sinais da profunda transformação na rotina ali dentro. A unidade de ferramentas de uso profissional em mercados industriais, por exemplo, instituiu um processo Kanban de três níveis: stand-up meetings (reuniões em pé) no nível do produto alimentavam stand-up meetings no nível do business owner, que por sua vez alimentavam uma stand-up meeting no nível da unidade de negócios. Daniela Kraemer, business owner de ferramentas elétricas para perfuração e cinzelamento leves, fez a seguinte descrição da sua reunião: "Em um curto espaço de tempo, repassamos todo o progresso do projeto. Todo mundo tem cartões no quadro Kanban. Se tiver uma atualização, você move o item no quadro. Em seguida, avançamos rapidamente. Se há algum assunto importante a discutir, marcamos uma reunião separada". A reunião inclui de oito a dez pessoas – product owners e especialistas ("expertise owners"), como cadeia de suprimentos e marketing –, dura 30 minutos e começa e termina pontualmente. "No começo, as pessoas achavam que era tempo demais", conta Kraemer. "Mas o fato é que isso acaba poupando muito tempo."[1]

No nível da unidade de negócios, os próprios líderes formaram um time ágil de liderança e suspenderam a maioria das reuniões de praxe. Como o efeito disso foi zerar a agenda, tiveram de buscar um jeito novo de trabalhar. Passaram a fazer stand-up meetings das unidades de negócios todas as terças e quintas, às 16 horas. Em um quadro gigante, de sete metros de comprimento, acompanhavam o andamento das principais iniciativas. Quando um time precisava de algo, vinha e girava (em 90 graus) o cartão no quadro. Os líderes também podiam assinalar um item para discussão. Um Scrum master facilitava as reuniões, que não tinham pauta fixa e duravam de 15 a 30 minutos, com não mais de três minutos dedicados a cada item (se algum participante precisasse de mais tempo para discutir um assunto específico, os 30 minutos após a reunião estavam livres). Os membros do time registravam toda ideia nova no quadro como um backlog e a cada três meses faziam uma reunião especial para priorizar os temas. Todo mundo podia ver as ideias dos demais – EBIT incremental, data de lançamento, fosse o que fosse. A transparência e o alinhamento resultante eram mantidos de uma reunião para a outra, acelerando as decisões.

A última das seis unidades de negócios da Bosch Power Tools teve sua transformação ágil em 2018. Em 2019, Becker já tinha estabelecido um time de liderança ágil no comando executivo e colocado um agile master para apoiar a equipe, a qual identificou 14 temas de foco para implementar a estratégia da divisão, uma lista que a organização inteira passou a enxergar como seus KPIs (Key Performance Indicators). Toda segunda-feira, o próprio Becker fazia sua stand-up meeting para discutir, com o time, temas organizacionais mais gerais, como garantir o alinhamento com prioridades e responsabilidades individuais. "Antigamente, nem sempre ficava claro qual era a relação entre aquilo que estávamos discutindo e a estratégia", contou Becker. "Acabávamos sempre interferindo nas sprints dos times. Agora, temos um método muito bem definido de alinhamento com as sprints, para que ninguém atrapalhe ninguém."[2]

Becker também mudou o processo de estratégia, para que fosse mais inclusivo; dar aos times a responsabilidade de empreender significava incluir mais gente na discussão de questões de estratégia e de negócios. Normalmente, a Power Tools faz duas grandes reuniões de gestão por ano. Antes, apenas 20 líderes participavam; agora, são 120. Na primeira reunião de 2019, Becker dedicou o primeiro dia a liderança, a trabalhar "soft skills", e o segundo a questões de estratégia. Pelo que dizem, foi muito elogiado pelos 55 "business owners" da divisão, que agora, pela primeira vez, eram parte do processo.

***

Exercer um cargo de liderança nunca foi fácil – não importa se você ocupa a presidência ou um cargo de gerência mais abaixo na cadeia de comando.

Antigamente, há coisa de um século ou mais, o líder pelo menos sabia qual era sua função: buscar gente para fazer o serviço que precisava ser feito, dizer a eles o que fazer e garantir que todos estivessem seguindo as ordens à risca. A administração científica de Frederick W. Taylor codificou essa abordagem. Engenheiros industriais mapeavam processos de trabalho eficientes, e chefes garantiam que o serviço fosse feito. Com o tempo, naturalmente, bastante coisa mudou. Muitas atividades foram ficando mais complexas. Muitos trabalhadores passaram a chegar com habilidades e opiniões próprias – e não obedeciam a ordens tão facilmente. A famosa Teoria Y de Douglas McGregor – um contraponto à velha Teoria X, na qual um manda e outros obedecem –

consagrou outro estilo de gestão, supostamente mais condizente com a nova era. Em vez de dar ordens, ouvir. Confiar e acreditar nas pessoas. E incentivar todos a assumir responsabilidades.[3]

No entanto, embora muitas empresas e muitos cursos de administração exaltassem da boca para fora os princípios da Teoria Y, muitos executivos e gerentes viviam voltando a uma versão mais branda, mais amena, da Teoria X. Talvez não tratassem as pessoas aos gritos nem ficassem só dando ordens, mas as decisões eram tomadas apenas por eles, disso não restava dúvida. E por que seria diferente? Afinal, eram nivelados e recompensados por critérios difíceis de manipular: tinham de cumprir metas de vendas, objetivos de custos, orçamentos. Tinham de prever o que viria em seguida e reagir a tempo. Os CEOs – e, por extensão, os conselhos de administração e os acionistas – não queriam ouvir desculpas. Queriam ver resultados. O que esses líderes faziam, portanto, era mergulhar no trabalho, arregaçar as mangas, dizer aos subordinados exatamente o que fazer e, se necessário, fazê-lo eles mesmos. Como o capataz de fábrica de antigamente, sabiam que sua função era garantir que as tarefas fossem feitas.

Agora, porém, como todo mundo sabe, os tempos mudaram ainda mais. Nos últimos anos, tem sido mais difícil, para líderes, manter tal estilo de gestão. Previsibilidade? Esqueça. O mundo muda rápido demais. Por toda parte, surgem novos competidores. A tecnologia evolui tão depressa que não há trégua. Gerentes talentosos e profissionais jovens, especializados, parecem esperar mais do que uma empresa – qualquer empresa – pode dar: oportunidades de crescimento, mais dinheiro, equilíbrio entre trabalho e vida pessoal. Líderes que tiveram sucesso à frente de negócios nas décadas de 1990 ou 2000 – e, por isso, foram alçados a cargos de liderança com responsabilidades ainda maiores – hoje se veem à deriva. Não admira que tantos sintam que estejam trabalhando mais e tendo menos a mostrar. Não admira, também, que aqui e ali tenham a incômoda sensação de que estão fazendo tudo errado.

Henk Becker, da Bosch Power Tools, teve essa suspeita logo cedo. Entrou na Bosch assim que terminou a faculdade, onde cursou engenharia mecânica. Começou na divisão automotiva e foi subindo ao longo dos anos, desenvolvendo um currículo de habilidades e competências técnicas. Lá atrás, sucesso significava ser o melhor líder funcional que pudesse ser, conduzindo as pessoas naquilo que faziam. Depois de mais de 20 anos exercendo esse tipo de função, Becker entrou para o conselho executivo da Power Tools em 2013. Ao seu foco inicial em engenharia e qualidade, adicionou a área de produção e acabou virando CEO da divisão em 2019.

O próprio Becker admite, no entanto, que havia algo de diferente na Power Tools. Um pequeno grupo de líderes corajosos começou a lhe dar feedbacks que ele jamais tinha ouvido até então. Disseram, por exemplo, que seu estilo de liderança não era bom nem para o próprio sucesso dele. Não estava ajudando a despertar o melhor das pessoas – e nem a Power Tools a vencer no mercado. Disseram que queriam ser liderados de outro jeito – e até deram exemplos. Essa experiência, diz Becker hoje, foi "um clique no meu cérebro e no meu coração". Decidiu que precisava mudar de atitude e comportamento. Iniciou, então, um processo de autorreflexão e conscientização. Pediu mais feedback. No começo, suas equipes ficaram na dúvida: seria uma febre passageira ou era mesmo para valer? Aos poucos, foi conseguindo conquistar a confiança dos outros e até ampliar o grupo de pessoas de quem recebia feedbacks.

Becker mudou de foco para se concentrar no potencial e na força das pessoas e da organização. Tentou não se concentrar nas deficiências, diz. Começou a usar uma linguagem positiva. Em vez de questionar para tentar entender por que alguma coisa não podia ser feita, começou a perguntar "como poderiam" fazê-la. Passou a ouvir e a privilegiar a comunicação em duas vias, em vez de estabelecer um sentido único de conversa, direcionada por ele. Para reforçar esse compromisso, abriu mão de sua sala e da vaga no estacionamento. Também parou de pedir às pessoas apresentações em PowerPoint; em vez disso, começou a procurar os times e a trabalhar com informações que eles já vinham usando. Levou um tempo, conta Becker, mas ele se tornou um líder diferente, capaz de conduzir com sucesso uma transformação ágil.

Ponto de partida: reformular a "nobre missão", ou como líderes agregam valor

Quase todos os executivos e gerentes que cruzam nosso caminho são dedicados e trabalham duro, assim como era Becker no começo da carreira na Bosch. É gente que leva o trabalho a sério e está empenhada em ajudar a empresa a vencer no mercado. Talvez não expressem sua convicção nesses termos, mas muitos se veem em uma espécie de nobre missão. Acreditam que criam um enorme valor por saberem exatamente o que deve ser feito e por levarem as pessoas a fazê-lo. O papel deles, a seu ver, é proteger os colaboradores dos erros, do desperdício de tempo e de que coloquem tudo a perder. Eles têm como objetivo garantir que o trabalho seja feito da melhor maneira possível, o mais rápido possível e com o menor custo possível. Na visão deles, sem sua condução prática, as pessoas ficariam girando sem sair do lugar.

Quando ajudamos uma empresa a lançar uma transformação ágil, incentivamos seus líderes a refletir cuidadosamente sobre quatro princípios e o que cada um significa para o comportamento da liderança. Com esse exercício, os líderes começam a rever seus conceitos sobre essa nobre missão e sobre como agregam valor. Como mostra o exemplo de Becker, é preciso ter esforço e disciplina para mudar o modo de liderar. Os princípios a seguir são um bom ponto de partida.

Trabalhadores aprendem fazendo

Nos últimos anos, todo mundo já deve ter lido sobre o fenômeno dos pais "helicóptero" – aqueles que estão sempre girando em torno da prole, superprotetores. São pais que amam os filhos, que lembram das dificuldades que vivenciaram nessa mesma fase da vida e querem que os filhos tenham mais sucesso e sejam mais felizes do que eles, pais, foram. Daí que, quando surge uma dificuldade, aparecem do alto, como um helicóptero. Vão falar com professores, diretores de escola e treinadores para tentar remover obstáculos e deixar o caminho livre para o sucesso dos filhos. Se é preciso ter uma conversa difícil, vão e tentam resolver as coisas, em vez de deixar que os filhos aprendam a lidar com o problema. Sob certa ótica, os pais têm razão: quase sempre são melhores do que os filhos na hora de falar com o treinador ou de redigir uma redação. Sob outra, é fácil ver o custo disso. Os filhos não sabem que podem cuidar de si mesmos. Não adquirem a capacidade para tal. No pior dos casos, a cada mínimo solavanco no caminho vão pedir socorro à mamãe ou ao papai.

Trabalhadores não são crianças, mas é comum o líder tratá-los como um pai ou uma mãe helicóptero trata os filhos. Já que o líder não acredita que o trabalhador vá fazer o serviço corretamente, ele dá orientações específicas, detalhadas. Se necessário, faz ele mesmo o serviço. Certas pessoas, assim como filhos de pais helicóptero, adotam uma espécie de passividade adquirida e esperam que o chefe diga o que devem fazer. Gente com mais talento ou ousadia – que consegue ver por si só o que deve ser feito, de que maneira e, em geral, de um jeito melhor do que com objetivos e métodos tradicionais – não costuma gostar de receber instruções detalhadas. É provável que alguns saiam. O professor Amar Bhidé, da Universidade Tufts, estudou o ranking Inc. 500, que reúne as empresas de capital fechado de crescimento mais acelerado nos Estados Unidos.[4] Muitos fundadores de empresas de sucesso explicaram a Bhidé que tinham tentado lançar um negócio ainda no emprego antigo, mas haviam sido proibidos de seguir em frente.

Em um ambiente ágil, os líderes agem de outro modo. Podem dizer a um time em que se concentrar, mas nunca como fazê-lo. Cabe aos próprios membros do time descobrir esse *como*. A função do time é experimentar, testar e aprender. Que produto tem a maior probabilidade de vencer no mercado? Como reformular o processo de pedidos para garantir tanto rapidez quanto exatidão? Qual a melhor maneira de assegurar um fluxo contínuo de candidatos qualificados para nossos distintos departamentos? Perguntas como essas raramente têm resposta fácil. Líderes podem ter uma opinião forte, ditada por sua experiência, sobre qual seria a resposta, mas em geral não têm como saber se estão certos. Assim como crianças, a melhor maneira de um adulto aprender é testando e vendo o que funciona. Essa é a marca de um time ágil.

Confiança se constrói com o tempo

A confiança entre líderes e seus liderados era um aspecto essencial da Teoria Y de McGregor. Confiança, segundo ele, significa o seguinte: "'Eu sei que você não vai – deliberada ou acidentalmente, consciente ou inconscientemente – tirar vantagem injustamente de mim'. Significa 'Posso colocar minha atual situação, meu status e minha autoestima no grupo, nosso relacionamento, meu trabalho, minha carreira e até minha vida em suas mãos com total confiança'."[5] Não é uma tarefa fácil, e muito do que McGregor preconizou sobre a confiança volta e meia é ignorado. É difícil para um líder confiar em um subordinado quando ele, líder, não sabe bem quais as intenções ou a qualificação do subordinado. E é difícil para um subordinado confiar em um líder que parece priorizar (a qualquer custo) a realização do trabalho exatamente de acordo com suas diretrizes.

O ágil provê uma forma de construir confiança – de tornar as pessoas confiáveis, por assim dizer – ao longo do tempo. Vejamos de novo como o método funciona. Para começar, um time ágil é montado e encarregado de uma missão por um líder. Membros do time dividem o trabalho em componentes gerenciáveis, criam um backlog e começam a fazer o que esse backlog pede em sprints de duas semanas (por exemplo), repriorizando ao longo do tempo sempre que necessário. Ao final de cada duas semanas, tanto o líder quanto o time podem ver o que foi realizado e aprender com isso. O processo é totalmente transparente. Até um cético concordaria que, em duas semanas, não há como um time se meter em muitos apuros, sobretudo se estiver recebendo um retorno dos clientes que está servindo. Se achar que os membros do time saíram dos trilhos, o líder pode rapidamente reconduzi-los a um rumo mais produtivo. É só perguntar: quais são nossas principais premissas e como podemos testá-las? Liderar assim, com confiança, exige disciplina, principalmente em momentos de tensão – que é quando o instinto de controlar entra em ação. Mas, com o tempo, vai ficando mais fácil.

Resumindo, a confiança no ambiente de trabalho não é algo que existe (ou não) em um plano abstrato. É algo que as pessoas constroem ao colaborar de forma produtiva. Em um time ágil, as pessoas encaram novas tarefas e assumem a responsabilidade pelos resultados. É assim que se tornam confiáveis.

Quando você faz o que só você pode fazer, todo mundo ganha

Em 1817, o economista inglês David Ricardo publicou a obra *Princípios de economia política e tributação*.[6] Ricardo apresentou uma teoria que explica os benefícios do comércio internacional e que, desde então, vem sendo ensinada a todo aluno do primeiro ano de Economia. Em tese, disse Ricardo, um país poderia decidir produzir tudo o que precisasse dentro de suas próprias fronteiras e não ter trocas comerciais com nenhum outro. O melhor para seus cidadãos, no entanto, seria se especializar e produzir aquilo que fazem bem e, em seguida, negociar com países especializados em outras produções. Cada um teria uma vantagem comparativa em relação ao outro.

Agora, apliquemos essa ideia a um contexto gerencial. Pode ser que um gerente, em virtude de suas habilidades e de sua experiência, consiga fazer quase tudo melhor que seus subordinados diretos. Na

Bosch, Becker talvez fosse o melhor engenheiro, o melhor designer de produtos, o melhor na hora de avaliar exatamente quais recursos despertariam mais o interesse do cliente. Mas, se fosse dedicar todo o seu tempo a essas atividades, o custo de oportunidade seria alto: seu tempo não estaria sendo usado em coisas que só ele poderia fazer. Ele não estaria pensando nos rumos gerais da divisão, não estaria explorando novos mercados nem avaliando possíveis aquisições. Em vez disso, estaria fazendo o que seus funcionários deveriam estar fazendo – o que seria ruim para todos.

Ninguém melhor do que o cliente para saber o que quer

No mundo empresarial, não faltam líderes – a começar pelos CEOs – que acreditam saber exatamente o que o cliente necessita. Os melhores, naturalmente, reservam um tempo para falar com clientes e, portanto, formam suas opiniões com base em alguma evidência. Contudo, é difícil para qualquer um, por mais experiente ou intuitivo que seja, saber como um cliente vai responder a um recurso ou funcionalidade específicos. Também é difícil para líderes seniores saber se clientes internos – aqueles que dependem do trabalho da área de TI, do RH, do financeiro, de centros de distribuição e por aí vai – gostariam que as coisas fossem feitas de outra maneira e como reagiriam a inovações.

Um time ágil parte do princípio de que ninguém melhor do que o cliente sabe o que ele, cliente, quer. É por isso que esses times criam o chamado produto mínimo viável (MVP, do inglês "minimum viable product"), algo suficiente para medir a reação dos clientes e que possa ser ajustado com base nisso. Times ágeis encarregados de promover inovações em processos internos geralmente incluem no time pessoas que usarão essas inovações, para que haja feedback do cliente desde o início. Esse representante no time pode consultar colegas da unidade pertinente e suprir o time de um feedback contínuo sobre o que está agradando – ou não.

Meta: uma "nobre missão" diferente (e um time de liderança que agrega valor de outro jeito)

Os líderes ágeis que pensam cuidadosamente nos aspectos que acabamos de explorar – e ajustam suas ações como Becker fez – estão aptos a se verem em uma condição muito diferente da condição de onde partiram. Estarão, sem dúvida, tão dedicados e empenhados no trabalho quanto estavam inicialmente, mas seu papel terá mudado drasticamente e terão uma noção muito diferente de como agregam valor à organização. Quando líderes de uma equipe de gestão se unem dessa nova maneira, sua nobre missão pode ser redefinida ainda mais.

Para começar, podem parar de tocar o negócio. Pense nisso por um instante. A maioria dos líderes seniores está o tempo todo solucionando problemas, vigiando o orçamento e coisas do gênero. Mas e se agora tiverem uma dezena – ou até uma centena – de times ágeis espalhados pela organização, cada um responsável por criar inovações que abram novas oportunidades, aumentem a eficiência e eliminem problemas? Esses líderes já não precisam usar seu tempo para fazer o que vinham fazendo até ali, pois outras pessoas estão assumindo essa responsabilidade. Em vez disso, podem se dedicar àquilo que é sua vantagem comparativa: avaliar o cenário como um todo e tomar decisões sobre estratégia e alocação de recursos.

Naturalmente, não dá para fazer isso sozinhos. É por isso que as empresas que estão iniciando uma transformação ágil em geral transformam o comitê executivo no comando da organização em um time ágil de liderança. E fazem o mesmo com equipes de líderes em níveis mais baixos da organização. Com isso, redefinem não só como os líderes usam o próprio tempo, mas a forma como trabalham juntos.

Hoje, o comitê executivo da maioria das empresas é um órgão representativo. Diretores de unidades de negócios e de áreas funcionais se congregam como representantes de seus respectivos silos, informando resultados de sua unidade e cuidando de seus interesses. Podem tomar decisões que sejam boas para seu próprio orçamento, que protejam talentos que estão guardando para si ou que contribuam para sua própria carreira. O CEO ou o diretor-geral é responsável por pesar os interesses de cada silo e fazer trade-offs, criando uma estratégia unificada para o bem do todo.

O que acontece, então, quando o próprio comitê executivo decide atuar como um time de liderança ágil? Fazer isso significa operar como uma equipe ágil a serviço de clientes externos e internos. Já que é raro apenas um indivíduo se destacar no operacional e na inovação, o time de liderança ágil potencializa o poder do grupo como um todo. É um time de tomadores de decisão focados no bem maior, não uma mera coleção de indivíduos. Ainda há sessões de acompanhamento de operações, mas seu foco é aprender, priorizar e remover obstáculos. Às vezes, especialistas em operações assumem o protagonismo; outras vezes, especialistas em inovação. Mas os dois grupos devem colaborar para tocar a empresa de modo eficiente e confiável, transformar o negócio de modo adaptativo e harmonizar essas atividades. O time de liderança ágil reúne, em seu justo equilíbrio, a administração e a transformação da empresa.

Os membros de um bom time de liderança ágil entendem que não é aumentando o número de vezes que preveem, comandam e controlam que vão criar o máximo valor para a empresa, mas, sim, dando vazão ao potencial inexplorado de dezenas de milhares de funcionários. Aprendem a delegar decisões testáveis e contribuem para que cada vez mais decisões possam ser testadas pelos profissionais mais próximos da linha de frente. Ajudam a organização toda a desenvolver essa capacidade de testar e aprender. Pensam em termos de sistemas, criando pequenos microcosmos minimamente viáveis de sistemas maiores. Esses microcosmos permitem a líderes testar diversas mudanças para ver como interagem entre si ao longo do tempo, sem colocar a empresa em risco. Enquanto burocratas temem que testar potenciais mudanças no modelo operacional da empresa vá revelar muitas realidades e assustar as pessoas, adeptos da agilidade testam quase tudo o tempo todo e esperam que a organização acabe se acostumando à adaptação contínua. Os agilistas focam em acelerar os tempos de execução ("cycle times") e minimizar os tempos de espera ("waiting times"), principalmente o tempo que leva para a tomada de decisões. Evitam submeter decisões a caminhos desgastantes na hierarquia, tanto acima como abaixo. Desmembram processos complexos, como planejamento, orçamento e lançamento de novos produtos, em lotes menores e mais frequentes, com loops de feedback.

O time de liderança ágil tem profundo respeito pela realidade de transitar por sistemas complexos. Entende a inutilidade de projeções de longo prazo, pois sabe que a transição que tornará a organização uma empresa ágil se assemelha mais a dirigir à noite e debaixo de chuva por um caminho de serra sinuoso do que a conduzir um carro por um caminho reto no deserto em plena luz do dia. Membros do time sabem aonde desejam chegar, mas evitam se comprometer com qualquer manobra além daquilo que o caminho imediatamente à sua frente exige. De modo conjunto e adaptativo, decidem até onde ir, com que rapidez e como lidar com obstáculos inesperados na pista.

Em suma, o time de liderança ágil se torna uma equipe de estratégia que conduz a organização inteira, com todos os seus integrantes trabalhando pelos interesses da empresa, e não pelos interesses de seus respectivos silos. O horizonte de tempo desses membros muda, e passam a focar em objetivos de longo prazo ligados ao fortalecimento das capacidades da organização, e não em resultados de curto prazo. Em vez de trabalharem para melhorar a produtividade apenas de seus subordinados diretos, eles buscam melhorar a produtividade de milhares de pessoas em toda a organização. Como promover essa mudança de mentalidade? Como converter o líder de um silo em membro de um time de liderança ágil? Para que tenham uma referência diariamente, costumamos sugerir que equipes de liderança criem um manifesto ágil próprio, customizado, e se comprometam com ele. O Apêndice A traz um exemplo representativo de manifesto.

Liderando a transformação ágil

Como sugere a longa lista de compromissos do Apêndice A, liderar uma transição ágil dá trabalho. A jornada normalmente começa com o time traçando uma visão norteadora e usando essa visão para comunicar potenciais benefícios de uma empresa ágil. O time não formula a visão a portas fechadas nem a apresenta à organização como mandamentos gravados em pedra. Em vez disso, vê aqueles que irão desenvolver atividades ágeis como clientes. Assim como todo time ágil, os líderes colaboram com seus clientes e "cocriam", com total transparência, a visão e possíveis estratégias para realizá-la com a colaboração de todos. Discutem, em seguida, direções alternativas que a visão poderia tomar e identificam as principais dúvidas que deveriam ser esclarecidas para determinar que direção, dentre todas essas, seria a melhor. Em condições ideais, mostram humildade intelectual. Criam, em conjunto, métricas para entradas (inputs), atividades, entregas (outputs), resultados (outcomes) e propósitos que os ajudarão a monitorar e a se adaptar às respostas a essas dúvidas.

A transição é um processo de melhoramento contínuo, não um projeto com data para ser concluído. A transição ágil não é uma distração que custa caro; é como a empresa funcionará. A melhor maneira de liderar uma transformação ágil é partir de uma mentalidade de confiança, não de controle. Contrariando a sabedoria popular e os filmes de ação de Hollywood, a gestão ditatorial não produz bons resultados durante crises. Sistemas de comando e controle funcionam melhor quando operações são estáveis e previsíveis, quando comandantes têm mais conhecimento sobre condições operacionais e potenciais soluções do que subordinados, quando autoridades centralizadas podem dar conta de um volume absurdo de decisões a tomar e quando é mais importante seguir procedimentos operacionais padronizados do que se adaptar à mudança. Nenhuma dessas condições existe em eventos extremos como catástrofes naturais, ataques terroristas, grandes batalhas militares ou transições de larga escala em empresas. A variabilidade e a imprevisibilidade de eventos são altas demais para comandos rígidos. Operadores experientes em campo têm mais conhecimento e informações mais atualizadas do que autocratas distantes ou seus agentes mercenários. A enxurrada de informações paralisa os centros de comando, criando gargalos devastadores. Os procedimentos operacionais padronizados falham, pois as situações são, por definição, extraordinárias.

Gestores que acreditam no mito de que crises pedem ditadores pagam um preço alto. Sua resposta a desdobramentos inesperados é lenta e desinformada (é só pensar no furacão Katrina, no acidente de Chernobyl e talvez até na crise em curso na rede americana de lojas Sears). E sua óbvia falta de confiança no pessoal da linha de frente segue impedindo o crescimento mesmo depois de a crise ter passado. Por tudo isso, até equipes modernas de crise estão migrando de sistemas de comando e controle para abordagens ágeis, mais adaptáveis.

Em uma transformação urgente convencional, uma pequena equipe de pessoas no topo tenta entender os problemas da empresa e fazer as mudanças necessárias. Em uma transição ágil, centenas ou até milhares de funcionários atacam esses problemas na raiz – e adquirem habilidades que poderão colocar em prática para o resto da vida profissional.

Durante a transição, times de liderança ágeis ajudam as pessoas a tomar decisões com mais rapidez e com menos informação do que equipes tradicionais. Para tanto, em geral tomam cinco medidas:

1. *Comunicam – de forma exaustiva, até – a ambição estratégica a um grupo mais amplo de pessoas.* Já que sabem que vão delegar muito mais decisões do que antigamente, esses líderes garantem que quem estará tomando essas decisões esteja plenamente alinhado

sobre o *que fazer* e *por quê*. Com isso, o *como fazem* pode ser fiel à estratégia, mesmo sendo flexível.
2. *Preparam as pessoas para tomar decisões.* Durante uma transformação, todos têm medo de cometer erros. Por isso recorrem aos chefes sempre que há uma decisão a tomar. Um líder forte atua como coach e treinador para ampliar a quantidade e a qualidade de tomadores de decisão.
3. *Reforçam as linhas de comunicação entre as equipes.* Para evitar que se tornem um gargalo, eles criam ferramentas que ajudam todos a enxergar o que cada equipe está fazendo em determinado momento.
4. *Aceleram ciclos de aprendizado, enfatizando o progresso, não a perfeição.* Eles abraçam a imprevisibilidade e não se deixaram retardar por um excesso de exatidão. Aproximações adequadas já bastam.
5. *Alteram sistemas de avaliação e recompensa para equipes maiores.* Um dos maiores problemas em momentos de crise é que as pessoas buscam fazer o melhor para aqueles que conhecem e em quem confiam – em geral pessoas de seus respectivos silos. Um líder eficaz amplia círculos de confiança e colaboração.

Naturalmente, cabe ao time de liderança ágil a responsabilidade por definir até onde ir e com que rapidez avançar com a agilidade. Em relação a princípios ágeis, o time não planeja todo detalhe com antecedência. Embora tenham esboçado uma visão, esses líderes entendem que ainda não sabem quantos times serão necessários, com que rapidez devem ser criados e qual a melhor maneira de enfrentar limitações burocráticas sem criar um caos na organização. Assim, eles costumam lançar uma primeira onda de times ágeis, reunir dados sobre o valor criado por esses times e sobre os obstáculos que enfrentam e só então decidir se, quando e como dar o passo seguinte. Isso permite que eles ponderem o valor de uma maior agilidade (em termos de resultados financeiros, resultados para clientes e desempenho dos funcionários) em comparação com seus custos (em termos tanto de investimento financeiro como de desafios organizacionais). Se os benefícios superam os custos, os líderes aproveitam o momento e continuam a escalar a agilidade – lançando novos times, derrubando obstáculos em setores menos ágeis da organização e repetindo o ciclo. Caso contrário, podem explorar maneiras de aumentar o valor de times ágeis já atuantes (eliminando barreiras organizacionais, por exemplo, ou melhorando as capacidades de prototipagem) e diminuir os custos da mudança (divulgando casos de sucesso com o ágil ou contratando praticantes experientes da agilidade).

Uma boa equipe de liderança ágil evita usar argumentos burocráticos para tratar uma transição ágil urgente como um projeto autoritário. "Temos uma crise em mãos – e uma crise pede uma liderança decisiva, até ditatorial. Quero ver um comprometimento total com o ágil. Não tem volta. Não tem plano B. Tirem os céticos do caminho. Selecionem líderes que colocarão nossa visão em prática de modo implacável. Vai ser uma mudança difícil, mas vamos fazê-la para podermos seguir, nós e o restante da organização, tocando o negócio." Se ouvisse isso, Luke Skywalker provavelmente retrucaria: "Impressionante. Cada palavra nesta frase está errada".

***

Na Bosch Power Tools, a transição de Becker na liderança ajudou a abrir o executivo para a possibilidade de um caminho melhor – e a adoção do ágil na empresa deu a ele uma rota. O objetivo da transformação que ele iniciou era lançar mais inovações que tivessem valor para os usuários, ter maior velocidade e adaptabilidade e adotar novos modelos de colaboração. Ele e o time de transformação – seis pessoas no total – traçaram uma visão e deram o tom de melhoria contínua desde o início. "Esse claramente não é um projeto clássico, em que tudo é definido em detalhe antes do início", disse Anne Kathrin Gebhardt, que liderou a equipe. "Estamos no meio de um processo iterativo, de autoaprendizado. O caminho que escolhemos é o caminho da Bosch Power Tools. Cada empresa ou cada divisão de negócios deve definir seu próprio caminho."[7]

Depois de aprender com times-piloto, a equipe de transformação começou a examinar uma das seis unidades de negócios da divisão Power Tools. "Uma transformação dessa natureza obviamente traz muitos desafios", disse Gebhardt, completando: "Afinal, não é só uma simples reorganização, mas a mais profunda transformação do nosso sistema operacional. Estamos voltando às raízes e mudando tudo, incluindo nossa cultura de gestão e trabalho em equipe, nossas estruturas organizacionais, a metodologia que utilizamos e nossos processos estratégicos. O principal não era com qual questão iríamos lidar primeiro. Nosso foco é abordar cada uma delas e relacioná-las com uma abordagem holística de transformação". As cinco áreas de trabalho definidas pelo time de transformação foram: estratégia; organização; liderança; processos e métodos; e cultura. Durante três anos, o time repassou, em sequência, cada uma das seis unidades de negócios, bem como funções na matriz. Na área da liderança, o fator mais crítico era tempo e espaço para o diálogo. Membros do time promoveram, por exemplo, uma série de atividades – dias de liderança, capacitação em áreas como coaching e mindfulness, ouvir feedback sobre o estilo de liderança para estabelecer canais de comunicação e ajudar líderes, criar mais engajamento entre times de liderança e times na linha de frente e muito mais. Também começaram a fazer experimentos com metodologias e práticas ágeis para chegar a ser um time de liderança ágil.

Três anos depois, práticas ágeis tinham se espalhado por toda a divisão. Em certos casos, o ciclo de inovação caiu de três anos para seis meses. Gerentes de produto, business owners e líderes da divisão estavam fazendo stand-up meetings, revisitando backlogs, tomando decisões imediatamente (sempre que possível) e lançando cada vez mais inovações que agradavam clientes de todos os tipos. Quanto aos resultados financeiros, os primeiros sinais são animadores – mas só o tempo dirá.

Cinco principais aprendizados

1. Qualquer líder que esteja considerando uma jornada ágil deve refletir sobre seu estilo de liderança e o modo como agrega valor. Está ajudando as pessoas a aprender fazendo? Está construindo confiança, em vez de controlar? Está fazendo o que só ele ou ela pode fazer, explorando sua vantagem comparativa? Está deixando os clientes falarem por si, em vez de proclamar o que o cliente quer?
2. Quando reinventam sua maneira de agregar valor, os líderes ágeis podem se unir e formar um time de liderança ágil. Suas equipes, agora com a confiança fortalecida, passam a tocar o negócio. Já eles, líderes, se concentram em definir prioridades, alocar recursos e remover obstáculos à ação dos times.
3. Um time de liderança ágil é um componente essencial de uma empresa ágil. Seus integrantes operam como um time de estratégia ágil focado no bem maior, não em seus respectivos silos, com o objetivo de ajudar a organização inteira a vencer. E redigem seu próprio manifesto para nortear suas ações.
4. Os líderes só podem mudar a cultura e a organização se mudarem a si próprios antes. Se não estiverem comprometidos a aprender e colocar em prática métodos ágeis, não devem nem iniciar uma transformação ágil.
5. Em uma empresa ágil, as decisões dos times devem ser rápidas. Para viabilizar essa rápida tomada de decisões, um time de liderança ágil precisa ser inclusivo, promover comunicação constante, dar coaching e criar loops de aprendizado.

5
Planejamento, orçamento e revisão ágeis

O mito mais comum ou infeliz sobre a agilidade é dizer que as empresas ágeis não precisam de planejamento. O tempo todo encontramos executivos que temem adotar o ágil por causa dessa ilusão. Também conhecemos muitos principiantes no ágil que tentam disfarçar a incompetência no planejamento com a argumentação de que não deviam ter que planejar.

Sabemos de onde vem essa confusão. O manifesto ágil diz que adeptos da agilidade valorizam "responder a mudanças mais do que seguir um plano".[1] Isso, no entanto, não significa não planejar. Significa fazer planos *adaptativos*. As organizações burocráticas convencionais traçam planos detalhados – desperdiçando tempo e recursos em busca de precisão – e presumem que serão implementados à risca por seus executivos. Já os adeptos da agilidade veem os planos mais como hipóteses a serem testadas e adaptadas ao longo do tempo. Planejadores adaptativos fazem uma estimativa de potenciais benefícios e custos para que as pessoas possam definir prioridades e orçamentos. São as hipóteses. Em seguida, lançam perguntas que servirão para determinar se essas hipóteses são válidas ou não. Então, fazem revisões frequentes e usam dados empíricos para determinar se é preciso alterar planos ou atividades previstas para cumprir os objetivos do plano. As atividades de planejamento, orçamento e revisão ocorrem em um loop de feedback iterativo para criar um sistema ágil de planejar-fazer--estudar-ajustar, assim como faria qualquer time ágil.

Melhorar a agilidade de processos de planejamento, orçamento e revisão é fundamental para a criação de uma empresa ágil. É algo que pode aumentar a agilidade da empresa muito mais do que alterar estruturas organizacionais ou até mesmo elevar o número de times ágeis. Neste capítulo, veremos como as empresas atingem esse objetivo.

Planejamento em uma empresa ágil

Em 2014, a Dell Inc., como então era chamada a fabricante de computadores, estava em meio a uma transformação que duraria anos. Em dezembro do ano anterior, Michael Dell (o CEO) e a firma de investimentos Silver Lake Partners tinham fechado o capital da empresa. Sem a pressão trazida pela necessidade de divulgar resultados publicamente, a Dell podia ampliar o horizonte de inovação. Podia aceitar maior variabilidade nos resultados a curto prazo em troca de benefícios maiores a longo prazo. A nova estratégia, no entanto, exigiria mudanças consideráveis nos ciclos de planejamento anual da companhia, então bastante convencionais.

Michael Dell decidiu instituir um novo modelo de planejamento estratégico, orçamento e revisão. A empresa – que em 2016 foi rebatizada de Dell Technologies – chama esse modelo de Dell Management Model (DMM). O modelo funciona essencialmente assim: Michael Dell começa traçando uma ambição clara para o valor futuro da empresa; em seguida, os líderes da empresa comparam essa meta com uma projeção do valor na trajetória atual e identificam as ações em alto nível necessárias para diminuir a distância entre os dois alvos. Esse processo produz uma perspectiva plurianual de receita e lucro e um backlog de iniciativas. Isso feito, os líderes traçam um plano operacional detalhado para o ano seguinte. Embora esse processo ocorra uma vez ao ano, a equipe questiona a priorização e o financiamento de iniciativas periodicamente ao longo do ano, para garantir que a Dell possa reagir rapidamente a mudanças nas necessidades dos clientes, a ações de concorrentes e a informações sobre os resultados de ações passadas.

Nesse modelo, toda iniciativa percorre um ciclo de vida. Cada uma começa como um problema ou uma oportunidade que, se resolvido ou explorada, ajudaria a fechar o vão entre a ambição e a projeção no estado atual. Problemas e oportunidades de maior impacto potencial e relevância organizacional ficam a cargo dos líderes da empresa. Essas iniciativas formam um backlog chamado Agenda Dell. Já assuntos de alcance e impacto mais reduzidos são abordados pela unidade de negócios ou pela área pertinente. Depois que cada iniciativa é identificada e classificada em um desses grupos, ela é atribuída a um dono ("owner"), são designados recursos iniciais para a formação de um time e ela é incluída no backlog, na sequência certa. A partir daí, o time de cada iniciativa percorre uma série de etapas: reúne fatos, desenvolve alternativas, escolhe uma delas, se compromete com resultados, busca autorização para executar a iniciativa, parte para a execução, periodicamente reporta os resultados e, no final, encerra-se como uma iniciativa, sendo incorporada às operações regulares da Dell. Em vários pontos do ciclo de vida, os líderes da empresa interagem com o time a cargo da iniciativa para dar uma orientação ou alguma autorização, em geral abordando duas ou três iniciativas da Agenda Dell por mês. O modelo dá muita flexibilidade. Ao longo do ano, sempre que aparece um novo problema ou uma nova oportunidade, os líderes calculam o valor aproximado em jogo. Se for expressivo o bastante, a oportunidade é acrescentada à Agenda Dell e a iniciativa recebe um owner, recursos e um lugar na sequência estabelecida.

Um benefício importante desse modelo é o foco. A equipe de liderança da empresa revê regularmente a Agenda Dell e faz ajustes para garantir que ali sempre estejam os problemas e as oportunidades prioritários. Graças a essa revisão, o número de iniciativas ativas na Agenda normalmente não passa de dez. Ao evitar as ineficiências do multitasking organizacional, a Dell consegue realizar muito mais em um ano do que seria possível com uma abordagem menos focada. "O Dell Management Model (DMM) garante que os recursos da Dell estejam sempre concentrados nas iniciativas que farão a maior diferença para a concretização de nossas ambições estratégicas e financeiras", disse Dennis Hoffman, vice-presidente sênior de estratégia corporativa da empresa. "Antes de começar a usar o DMM, a equipe de liderança executiva nem sempre estava alinhada em relação a quais eram as questões mais importantes, e era mais difícil avançar em questões que envolviam mais de uma área da organização. Criar a Agenda Dell nos ajudou a focar, como time de liderança, naquilo que mais importa, e a continuar flexíveis para ajustes à medida que novos problemas vão surgindo. Assim podemos trabalhar juntos para alcançar nossa ambição."

A Dell usa abordagens ágeis de outras maneiras também. Há anos a empresa vem focando em melhorar o atendimento ao cliente e a relação custo-benefício. Por exemplo, líderes de operações de cadeia de suprimentos queriam melhorar a capacidade de planejar demanda e oferta. Em setembro de 2018, Kevin Brown, diretor de cadeia de suprimentos da Dell, criou dois times ágeis com pessoas de diversas áreas dedicadas a eles. Um dos times foi encarregado de desenvolver e implementar um processo de planejamento colaborativo com os maiores clientes da empresa para promover um diálogo constante sobre pedidos futuros e garantir a entrega nos prazos. O time fez mudanças em processos, criou novas ferramentas e implantou modelos analíticos avançados. Mas, em vez de lançar os novos procedimentos de uma vez só, fez uma série de pequenas mudanças em sprints de duas semanas. Em seguida, colheu feedback de clientes e stakeholders internos e refinou as soluções. Em junho de 2019, os times já tinham entregado várias soluções populares entre clientes e aplaudidas pela organização interna de vendas. "Desde que passamos a usar times ágeis, há cerca de um ano, descobrimos que a abordagem ágil é um jeito diferenciado de promover mudanças rápidas e de alto valor nas operações", disse Brown. "As soluções que estamos criando usando metodologias ágeis são mais inovadoras, mais robustas e mais aceitas por nossos clientes internos e externos. Agora, estamos aplicando valores ágeis ao modo como executamos muitas de nossas iniciativas de transformação", completou. Da última vez que checamos, a Dell tinha escalado os esforços da cadeia de suprimentos para nove times e ampliado o uso do ágil para continuar a melhorar custos e resultados operacionais.

Na Dell, a abordagem ágil ao planejamento vem sustentando uma agenda ambiciosa. Desde que instituiu o DMM, cinco anos atrás, a companhia fez a maior fusão da história no setor de tecnologia, reformulou seu portfólio (abandonando certas áreas), conquistou ou fortaleceu a liderança em vários outros mercados, melhorou o relacionamento com o cliente, voltou a abrir o capital e dobrou o valor da empresa.

Como mostra a Dell, as empresas ágeis tendem a fazer quatro coisas de modo diferente de empresas convencionais:

- *Colhem bastante informação dos clientes.* O processo de planejamento é feito com muito subsídio dos clientes, seja por meio de pesquisas direcionadas a eles, seja incentivando equipes em contato mais próximo com clientes a sugerir mudanças ou melhorias.
- *Fornecem orientação sobre o que fazer, mas deixam o "como" para os times ágeis.* No exemplo da cadeia de suprimentos da Dell, os líderes funcionais e os times ágeis tinham bastante liberdade para determinar como contribuiriam para os objetivos da empresa de melhorar a relação custo-benefício e realizar a entrega dentro do prazo.

- *Focam e sequenciam iniciativas para evitar um excesso de multitasking.* Empresas ágeis sequenciam suas principais iniciativas todo ano, e às vezes até a cada trimestre, em vez de tentar fazer progresso em todas as iniciativas ao mesmo tempo. Como dissemos, o retorno mínimo que a Dell exige de uma iniciativa é elevado – daí o total de iniciativas tocadas simultaneamente raramente passar de dez.
- *Reveem planos frequentemente e fazem ajustes quando necessário.* O sucesso nos negócios exige um teste de estratégias, comparando os resultados atuais com os esperados e, então, atualizando as estratégias conforme necessário. É por isso que, durante todo o ano, a Dell cria, aprimora, avalia, repriroriza e descontinua iniciativas estratégicas. Graças a essa revisão e à atualização frequente de planejamento, a empresa ágil evita perder tempo com planos detalhados de longo prazo que provavelmente mudariam várias vezes antes de ser executados.

Orçamento ágil

O orçamento em uma empresa ágil cumpre duas grandes funções: fornece os controles necessários para as operações da empresa e direciona fundos para as áreas de maior prioridade para a inovação ágil. No modelo burocrático, os responsáveis pelo orçamento em geral dedicam enorme esforço à produção de números precisos. Os orçamentos duram um ano ou mais, o que significa que projetos infrutíferos seguem em frente até esgotar a verba. Enquanto isso, iniciativas cruciais de inovação aguardam na fila para poder disputar recursos no próximo ciclo orçamentário.

Em uma abordagem ágil, quem elabora o orçamento opera com outra mentalidade e outros procedimentos, sobretudo quando o assunto é bancar a inovação. Esses indivíduos sabem que, em dois terços das inovações de sucesso, a ideia original terá mudado bastante durante o processo de desenvolvimento. Sabem que os times desistirão de certas funcionalidades e criarão outras sem esperar pelo ciclo anual seguinte. O resultado é que os procedimentos de financiamento ágeis costumam evoluir e a certa altura ficar bem parecidos aos do capital de risco: abrem oportunidades para a compra de opções para novas descobertas. O objetivo não é criar instantaneamente um negócio em larga escala, mas desenvolver um componente crítico da solução final. Isso leva a uma bela dose de (aparentes) insucessos, mas acelera o aprendizado e reduz seu custo, o que é crucial. Decisões de financiamento são semelhantes em uma empresa ágil, aumentando bastante a velocidade e a eficiência da inovação. A Target Corp., por exemplo, organizou sua tecnologia para haver alinhamento com as capacidades de seu negócio e as experiências dos clientes. Seus mais de 250 gerentes de produto são como empreendedores encarregados de produzir resultados mensuráveis para a empresa. Quem produz mais retornos é premiado com mais recursos e responsabilidades.

Embora a maioria das empresas ágeis ainda possua um ciclo orçamentário anual, o processo é muito menos oneroso do que o convencional, e os executivos atualizam o orçamento periodicamente durante o ano para refletir tanto novas condições como as últimas informações sobre as atividades de inovação. Essa flexibilidade pode trazer benefícios expressivos. Uma grande empresa americana de serviços financeiros, por exemplo, oferece seguro automotivo aos clientes. A certa altura, criou vários times ágeis para desenvolver elementos de uma nova funcionalidade: permitir que o cliente procurasse um carro para comprar em seu site e no aplicativo. A ideia original da empresa era dar recomendações sobre o que comprar, além do recurso de busca. Mas, quando testaram a ideia, os times descobriram que os clientes queriam só a função de busca, não as recomendações. Isso mudou as prioridades do grupo e permitiu que um dos times fosse destacado para outra missão. Em um ambiente tradicional de orçamento, é bem provável que o projeto todo tivesse sido concluído como originalmente previsto – incluindo aí a criação da funcionalidade de recomendação, o que teria sido um esforço jogado fora.

Empresas ágeis normalmente adotam outras três práticas ligadas ao orçamento para inovação:

Priorizam imperativos estratégicos, mas abrem espaço para iniciativas que não estavam nos planos

O processo de planejamento deve deixar clara a estratégia e identificar as ações necessárias para que a empresa concretize sua ambição. A grande prioridade deve ser financiar as atividades mais vitais para a execução da estratégia – atividades que, em certos casos, podem exigir quase toda a verba disponível, mas que, em outros, podem deixar folga considerável para iniciativas imprevistas. Toda empresa precisa, portanto, de um backlog sequenciado e priorizado de oportunidades de investimento. São inúmeras as fontes dos itens do backlog: processo de planejamento, ideias interessantes de times ágeis já existentes, pesquisas de mercado, análise competitiva, sugestões de funcionários da linha de frente, oportunidades inesperadas de aquisição e por aí afora. Iniciativas inesperadas podem justificar uma verba maior do que ideias que já foram prioritárias no processo de planejamento, mas hoje parecem estar afundando ou perdendo relevância.

A Amazon Prime e a Amazon Web Services, por exemplo, foram ideias surgidas nas bases, fora do ciclo normal de planejamento. Embora nenhuma das duas parecesse prioridade estratégica na época, rapidamente ganharam importância, pois, com o sucesso, foram crescendo e exigindo mais recursos. Na Amazon, fracassos abrem espaço para outras oportunidades. Quando o Fire Phone fracassou, a empresa tinha um estoque de oportunidades inovadoras no backlog para financiar – oportunidades que podiam dar retornos muito melhores (voltaremos à Amazon no Capítulo 8).

Financiam times perenes em vez de projetos quando as oportunidades são duradouras

Há dois tipos de time ágil. Equipes de projetos trabalham em problemas ou oportunidades que podem ser resolvidos com relativa rapidez, em geral em questão de semanas ou meses. Já times perenes (geralmente chamados de equipes de produtos) trabalham em oportunidades importantes ligadas a clientes e que podem levar anos para ser devidamente exploradas. É como costuma dizer Jeff Bezos: "O cliente está *sempre* maravilhosamente insatisfeito, mesmo quando declara estar contente e quando o negócio vai bem. Ainda que não saiba disso, o cliente quer algo melhor, e o desejo de agradá-lo vai levar [a empresa] a inventar em nome dele".[2] Times perenes normalmente pivotam dezenas de vezes ao longo do tempo, pois as necessidades dos clientes mudam e as soluções evoluem. E ninguém quer ver um time desses voltando para pedir autorização sempre que precisar mudar o rumo; se achar um jeito melhor de entregar uma solução para o cliente, que vá em frente (por outro lado, se não achar uma boa solução ou se o problema já não for importante, o time deverá passar para outro problema ou ser desfeito). A longevidade e o empoderamento faz com que times ágeis perenes sejam mais eficazes e eficientes na hora de inovar, pois seus membros vão se familiarizando cada vez mais entre si, com clientes e com processos e sistemas para atender a esses clientes. É possível conferir um material mais detalhado sobre o planejamento, o orçamento e a revisão para times perenes na página bain.com/doing-agile-right [em inglês].

Atrelam verba a resultados

As empresas ágeis respeitam resultados mais do que posição hierárquica. Projetos propostos por líderes seniores são tão transparentes quanto qualquer outra iniciativa ágil. As opiniões dos executivos estão sujeitas à mesma avaliação que as dos engenheiros de software. Como podemos testar uma iniciativa?

Com a verba, vem a responsabilidade. Toda atividade ágil financiada, seja uma equipe perene, um projeto, um imperativo estratégico ou uma oportunidade imprevista, é responsável por produzir o resultado para o cliente que originalmente justificou o investimento. Soa óbvio, mas é incrível como muitos sistemas orçamentários tradicionais passam meses ou anos decidindo se investem em um projeto e, depois, não dedicam um dia sequer a avaliar se o investimento dá retorno ou não. O orçamento ágil é diferente – constantemente questiona se investimentos incrementais são justificados. O ágil premia a eficiência na experimentação. Os praticantes aprendem a identificar as dúvidas mais importantes e a bolar maneiras engenhosas de formular protótipos para solucionar essas dúvidas. Times ágeis estão totalmente dispostos a encontrar formas de alcançar os resultados ou, na impossibilidade disso, a repassar a verba a outros times ágeis que possam garantir um retorno maior para o investimento.

***

Naturalmente, o desafio é diferente para cada empresa. E cada uma cria procedimentos orçamentários ajustados a suas necessidades específicas. Um exemplo é o Royal Bank of Scotland (RBS), uma instituição sobre a qual falaremos mais no Capítulo 7. Anos atrás, como parte essencial de um movimento para tornar o banco mais focado no cliente, líderes da área de pessoa física começaram a criar times ágeis perenes para cuidar de experiências específicas do cliente. Infelizmente, o modelo de orçamento, financiamento e governança do RBS era um entrave. Primeiro, porque havia sido projetado para financiar somente projetos tradicionais. Exigia um grande volume de detalhes sobre funcionalidades, custos e resultados – informações que levavam muito tempo para ser preparadas e deixavam os times incapazes de se adaptar à medida que aprendiam mais sobre o comportamento dos clientes. Como os times eram desfeitos ao final de cada projeto e depois recriados para outros, um time raramente colhia os benefícios de ter membros trabalhando juntos por um longo período. Por último, o processo de aprovação para colocar as mudanças no ar era oneroso, o que retardava os resultados e tornava impraticável testar pequenas mudanças e aprender com elas.

Os líderes do RBS, então, começaram a rever o modelo de orçamento e financiamento. O primeiro passo foi criar áreas de negócios do cliente (CBAs, do original "customer business areas") focadas em um determinado conjunto de experiências, como o crédito imobiliário. O segundo foi montar times perenes de jornada nas CBAs, cada um focado em uma experiência do cliente, como contestar cobranças indevidas no cartão de crédito. Cada CBA tem um acordo de desempenho que define resultados – como aumento da receita, redução de custos ou aumento do Net Promoter Score [métrica de lealdade do cliente] – com os quais o dono da CBA se compromete como retorno dos recursos solicitados. Cada dono da jornada recebe recursos para compromissos que respaldem o acordo de desempenho da CBA. Esse sistema dá a membros do time autonomia para gerenciar o próprio backlog no esforço para cumprir os objetivos do time. Desde que foi implantado na área de pessoa física do RBS, o modelo reduziu o número de propostas de negócios (business cases) criados em um ano de 80 para 6, o que liberou tempo e energia consideráveis. A ideia é que o modelo siga evoluindo, para que o financiamento de CBAs e times de jornada seja contínuo e vá sendo ajustado à medida que as prioridades dos clientes e as oportunidades de negócios forem mudando.

O RBS também usa uma técnica que chama de financiamento baseado em cenários para ajudar a garantir que haja recursos para as oportunidades mais promissoras. Quando pedem verba para inovações e investimentos, os líderes de unidade de negócios precisam apresentar uma justificativa básica que inclua o valor que a iniciativa pode gerar. Além disso, precisam projetar o valor incremental que seria gerado com uma verba 20% maior e o valor que seria perdido com 20% menos. Esse processo permite aos líderes do RBS considerar como as variações na alocação de fundos entre unidades de negócios poderia otimizar o valor geral produzido para o banco. Líderes de unidades de negócios fazem estimativas e tomam decisões de distribuição do orçamento usando essa mesma abordagem com os líderes de produto que reportam para eles.

Revisão ágil

A revisão é parte essencial do ciclo planejar-fazer-estudar-ajustar. Revisões trimestrais, mensais ou até semanais dão uma oportunidade frequente de comparar o desempenho real com o esperado – e de definir se é preciso mudar planos e orçamentos ou as atividades projetadas para cumpri-los. Aqui, também, a empresa ágil faz as coisas de um jeito diferente. Os participantes apresentam as informações de modo transparente e informal, evitando perder tempo e energia preparando apresentações sofisticadas. É bem maior a chance de usarem essas revisões para atualizar planos e orçamentos. Seu principal objetivo é reforçar, e não minar, a autonomia de times ágeis. A ideia é dar aos times a informação de que precisam para gerenciar uma multiplicidade de considerações de negócios – para poder, com isso, fazer sua própria revisão de tópicos que, em uma organização burocrática, seriam avaliados por áreas de controle ou outros gerentes. Isso ajuda a evitar interferência excessiva vinda do alto.

A gestão do orçamento, por exemplo, estará sempre a cargo dos departamentos financeiros. Mas os gerentes financeiros não precisam ficar questionando as decisões dos donos de iniciativas ágeis. "Nosso CFO está sempre transferindo a responsabilidade para times ágeis autônomos", diz Ahmed Sidky, diretor de gestão de desenvolvimento na empresa de videogames Riot Games. "Ele diz: 'Não estou aqui para administrar as finanças da empresa. Isso cabe a vocês, como líderes de times. Meu papel aqui é o de orientar'. No dia a dia da organização, profissionais do financeiro são destacados para grupos de times ágeis. Eles não controlam o que os times fazem ou não. Atuam mais como um coach financeiro, fazendo perguntas difíceis e contribuindo com seu conhecimento especializado. Mas, no final, é o líder do time quem toma as decisões, de acordo com o que for melhor para os jogadores da Riot."[3]

Naturalmente, a Riot Games é uma nativa digital com muita experiência na agilidade. Mas a área de pessoa física do RBS trabalha com um objetivo semelhante, adaptando o processo de revisão trimestral do orçamento para dar mais poder a times ágeis. Em vez de rever despesas de projetos e comparar o grau de conclusão com o orçamento, as revisões trimestrais agora envolvem discussões muito mais valiosas sobre CBAs e acordos de desempenho de times da jornada, incluindo uma série de resultados mensuráveis definidos em conjunto. Owners informam resultados obtidos e o que não foi possível atingir, discutindo motivos e buscando sugestões para melhorar. Essa mudança no foco da revisão aumentou muito o engajamento e a satisfação de owners e seus times. Da última vez que checamos, times de inovação para "mudar o negócio" e times de operações para "tocar o negócio" tinham acordos de desempenho separados. Mas o banco planejava criar uma série unificada de metas e compromissos para os dois tipos de time destacados para cada jornada do cliente. Também estava projetando mudanças na governança que deveriam aumentar ainda mais a agilidade dos times da jornada. Essas mudanças incluem reduzir e acelerar etapas necessárias para aprovar mudanças que afetam o cliente e otimizar relatórios sobre a utilização de fundos.

A Dell também usa revisões para atualizar planos com frequência, o que não é surpresa. Todo mês, a reunião da equipe de liderança executiva analisa os resultados atualizados de certas iniciativas da agenda estratégica que estejam em curso. Isso cria no dono da iniciativa a responsabilidade de entregar os resultados prometidos. O processo evita o problema, comum em burocracias tradicionais, de projetos que seguem ativos por anos com pouco resultado a mostrar.

O processo de revisão ágil da Dell também traz as informações necessárias para a gestão do plano e do orçamento anual da empresa pelo financeiro. As equipes do financeiro e os líderes de unidades de negócios montam o plano e o orçamento anual no quarto trimestre e atualizam ambos duas vezes por ano. O plano e o orçamento incluem metas de receita e custo por área de negócios e refletem impactos esperados de todas as iniciativas em curso. Para harmonizar times de inovação e operações, o processo faz com que todos trabalhem rumo a objetivos comuns. Com isso, a revisão na Dell evita outro problema comum em burocracias tradicionais: a dificuldade de ajustar o orçamento anual para refletir o impacto de mudanças nas condições.

***

A cadência certa para o ciclo de planejamento, orçamento e revisão depende da organização e, sobretudo, de onde está o equilíbrio entre estabilidade e inovação. Um ciclo lento demais pode levar à estagnação ou ao mau direcionamento de recursos. Um ciclo rápido demais pode criar trabalho desnecessário e confusão nas operações. O ponto de equilíbrio, para a maioria das empresas ágeis, é atualizar planos e orçamentos da empresa como um todo e de unidades de negócios no mínimo algumas vezes por ano – e, no máximo, uma vez a cada mês.

A transição do planejamento, do orçamento e da revisão tradicionais para a versão ágil a princípio vai parecer arriscada para executivos habituados ao controle. É que isso mexe com o controle financeiro da empresa, que é uma responsabilidade fundamental do CEO, do diretor financeiro e do conselho. E suscita questões sobre os mecanismos tradicionais para planejar o trabalho e alocar recursos. Mexe, ainda, com relações de poder em todos os níveis de gestão, pois times ágeis assumem mais responsabilidade e autoridade para tomar decisões. Promover essas mudanças em uma grande empresa de uma tacada só pode, de fato, ser arriscado. Mas o uso de princípios ágeis reduz consideravelmente o risco. Empresas que se saem bem nessa transição fazem questão de apontar falhas de processos atuais e mostrar como o novo modelo pode corrigi-las. Colocam o CFO e outros líderes seniores em contato com empresas que tiveram sucesso na transição. Fazem um piloto para provar os benefícios do novo modelo de planejamento, orçamento e revisão e o expandem de forma incremental – por unidade de negócios ou região, digamos.

Independentemente de como é feita a transição para o modelo ágil de planejamento, orçamento e revisão, é importante saber que ela é essencial para qualquer empresa que ambicione ser ágil.

Cinco principais aprendizados

1. Contrariando o mito popular, o planejamento é parte fundamental do ágil. Planejamento, orçamento e revisão são atividades que devem trabalhar juntas em ciclos frequentes e adaptativos.
2. No caso do planejamento ágil, as melhores práticas incluem coletar vastos subsídios das bases ("bottom-up"), planejar somente o indispensável – e tão logo seja necessário –, priorizar e sequenciar iniciativas para minimizar o trabalho em andamento (WIP) e o multitasking, além de rever planos à luz de novas informações.
3. As melhores práticas de orçamento incluem priorizar imperativos estratégicos (deixando espaço para iniciativas não planejadas, porém interessantes), financiar times ágeis perenes para oportunidades duradouras e usar um esquema de capital de risco que vá ajustando flexivelmente o orçamento com base em resultados.
4. No caso da revisão, as melhores práticas incluem abrir oportunidades frequentes para uma comparação transparente e informal do desempenho real *versus* o desempenho esperado – e para definir se é preciso mudar planos e orçamentos ou mudar atividades previstas para cumpri-los.

5. Embora mudar o processo de planejamento, orçamento e revisão possa parecer arriscado para executivos controladores, essa é, na verdade, uma das medidas mais fáceis na jornada da empresa para se tornar uma empresa ágil. A mudança pode ser feita com sucesso com uma abordagem ágil que inclui testar o novo modelo com pilotos e executar a implementação em fases.

6

A agilidade da organização, das estruturas e da gestão de pessoas

Criar uma empresa ágil quase sempre envolve mudanças no modelo operacional da empresa e em tudo o que tem a ver com esse modelo. É preciso redefinir papéis e responsabilidades e ajustar direitos de decisão; aprimorar práticas e procedimentos básicos de gestão; reconsiderar práticas de gestão de talentos e repensar formas habituais de trabalhar. Em geral, estruturas organizacionais também precisam ser revistas. A menos que os líderes decidam mudar tudo de uma vez – o que raramente é a melhor opção –, eles precisam sequenciar e testar todas essas mudanças com um bom estilo ágil. Não é fácil. Gente acostumada a métodos burocráticos – o que inclui a maioria dos líderes – naturalmente se verá tentada a procurar atalhos.

A tentação mais comum é, sem sombra de dúvida, refazer a estrutura da empresa e parar por aí. Afinal, parece tão fácil! Você pode redesenhar o organograma simplesmente movendo as caixinhas e as linhas de subordinação. Essa reestruturação permite que você elimine pessoas e custos – e que preencha funções importantes com indivíduos que apoiam a mudança que você tem em mente. Talvez você suponha que, se mudar as funções, poderá forçar mudanças na forma como as pessoas lidam com seus respectivos trabalhos. Alterar a maneira de trabalhar, por sua vez, mudaria as entregas e os resultados. Pronto: temos uma empresa ágil!

Outra tentação é copiar outra empresa. Falamos, lá atrás, do perigo que é sair copiando, mas o perigo é particularmente mais relevante para a questão da organização, porque você de fato pode observar o organograma de outra empresa e usá-lo como referência. Vejamos, por exemplo, o organograma do Spotify, o serviço de streaming de música criado na Suécia que provavelmente tem o modelo organizacional ágil mais imitado de todos (Figura 6.1).

Ao examinar a ilustração, você pode se surpreender. É que provavelmente se parece muito com o organograma da sua empresa – e, aliás, com o organograma de praticamente qualquer empresa organizada no esquema tradicional. É claro que, se você se aprofundasse mais, acabaria achando um monte de squads e tribos, chapters e guilds, toda essa terminologia relativamente desconhecida. Mas muitos desses times ágeis e outros agrupamentos estão inseridos na área de pesquisa e desenvolvimento (P&D) do Spotify. O resto do pessoal, gente que trabalha em operações e em áreas de suporte e controle, está organizado em departamentos tradicionais. É verdade que, nessa nativa digital, a área de P&D abriga cerca de metade dos funcionários. Em outras empresas, no entanto, a proporção de funcionários focados em inovação ágil talvez não passe de 10% ou 15%.

Fazemos essas observações para apresentar três questões:

- O modelo operacional de uma organização não deve ser confundido com sua estrutura formal, pois, além da estrutura, ele inclui responsabilidades e direitos de decisão, um sistema de gestão, comportamentos da liderança, cultura, metodologias de colaboração e assim por diante. Alterar a

FIGURA 6.1
Organograma do Spotify

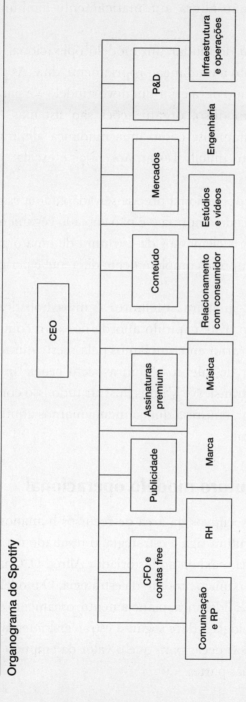

Fonte: "Spotify", *The Official Board*, <https://www.theofficialboard.com/org-chart/spotify>. Acesso em 22 jan. 2020.

estrutura não altera automaticamente nenhum desses elementos.
- O processo de mudar um modelo operacional é tão importante quanto a mudança propriamente dita. As pessoas precisam de tempo para criar um novo modelo – e para se habituar a ele. Além disso, organizações são sistemas complexos, e prever exatamente como uma mudança afetará a organização é muito difícil. Testar, aprender e escalar aos poucos é essencial.
- O modelo operacional precisa ser adaptado à estratégia e à situação de cada empresa – e não copiado cegamente de alguma outra. Inserir elementos da estrutura de uma organização ágil em uma empresa completamente diferente é perigoso.

Por sorte, há maneiras melhores e mais holísticas de mudar uma organização. Este capítulo aborda nossas recomendações, incluindo por que raramente iniciamos pela reestruturação e por que calibrar o motor de talentos é um aspecto crucial e muitas vezes subestimado da transição. Vamos ilustrar tudo isso com a experiência da Bosch (uma empresa que já mencionamos aqui) e a de outras empresas também.

Visualize o futuro modelo operacional

A maioria dos executivos da área de recursos humanos sabe que, "a menos que a estrutura siga a estratégia, o resultado é a ineficiência"[1], seguindo a famosa máxima do historiador Alfred D. Chandler Jr. Mas a estrutura não é o único produto da estratégia. O modelo operacional inteiro – estrutura; liderança; planejamento, orçamento e revisão; e até processos e tecnologia – deve seguir a estratégia, integrando e harmonizando todas essas peças para que o valor da empresa seja maior do que a soma de suas partes.

A estratégia da empresa determina onde jogar, como vencer, que unidades de negócios se farão necessárias e como irão operar. Por exemplo, será que nossa estratégia será mais bem-sucedida com divisões centralizadas? Ou com unidades de negócios descentralizadas? Ou, ainda, com uma organização matricial que busque tanto os benefícios da escala quanto os da autonomia? Uma vez definidas estas questões, há outras duas decisões que se tornam essenciais: quantas unidades de negócios teremos e como as definiremos para que líderes de cada unidade tenham autoridade para fazer trade-offs difíceis rapidamente, mas sem causar problemas para outras unidades? Se definir as unidades de negócios corretamente, você criará líderes altamente empoderados que assumem total responsabilidade por entregar resultados. Já se errar nessa definição, você gerará sobreposições e caos dentro da empresa.

Para definir unidades de negócios, os executivos, em geral, usam simplificações e técnicas matemáticas de agrupamento, como calcular o volume de custos compartilhado entre unidades operacionais, determinar seu potencial de compartilhar recursos e avaliar sobreposições em padrões atuais de compra de clientes. Se essas quantificações produzirem valores elevados, então combine as operações em uma unidade de negócios única. Se não, separe-as. Essas técnicas podem render insights rápidos para uma boa definição de negócios nas condições presentes do mercado. Mas o trabalho não estará concluído enquanto não for feito o caminho inverso, partindo das necessidades do cliente. Afinal, as unidades de negócios existem para satisfazer as necessidades dos clientes de modo rentável, não para simplesmente fazer produtos. Enciclopédias de papel e a Wikipedia atuam na mesma área, ainda que sua estrutura de custos e seus processos de produção sejam muito diferentes. O mesmo vale para as lâmpadas incandescentes e o diodo emissor de luz, o LED. A definição do negócio e as estruturas matriciais que dão à empresa vantagem na hora de satisfazer as necessidades atuais dos clientes não devem prejudicar sua capacidade de mudar o modo como irá satisfazer as necessidades dos clientes no futuro.

Definir mal o negócio é uma das principais causas da crescente taxa de mortalidade de empresas. O varejo físico é destruído pela Amazon. A fotografia analógica é devastada pelas câmeras digitais. Máquinas de escrever são varridas do mapa por processadores de texto. Locadoras de vídeo são dizimadas pelo streaming de vídeo. Tudo isso porque muita empresa define suas fronteiras pela maneira como faz seus produtos – e não pelo motivo pelo qual o cliente os compra. Até que, de uma hora para outra, surgem novos competidores, aparentemente do nada. Não há custo que possa ser compartilhado com produtos atuais. Inovações exigem capacidades totalmente novas. E alguns clientes que compram esses novos produtos não são os clientes atuais. Para seguirem tocando o negócio e, ao mesmo tempo, transformarem o negócio em momentos turbulentos assim, as unidades precisam ser definidas de modo que proativamente sejam encorajadas a estar sempre se adaptando às mudanças de necessidades dos clientes.

Times ágeis podem prover essa adaptação, e uma definição adequada do negócio ajudaria a indicar onde eles deveriam ser colocados e como deveriam ser utilizados. Inseri-los nas unidades de negócios certas aumenta a probabilidade de que o trabalho inovador seja adotado e escalado de forma rápida e eficaz. Garantir que os times não desmembrem a unidade de negócios em fragmentos que destroem a responsabilidade e a prestação de contas melhora o desempenho. Dar a times ágeis missões centradas no cliente ajuda líderes a mudar seus negócios à medida que as necessidades dos clientes mudam – ou mesmo antes que isso ocorra.

Quando isso é feito corretamente, os executivos acabam criando uma estrutura parecida à da Figura 6.2. Times de inovação ágeis serão espalhados por toda a empresa. Exceto por inovações disruptivas

FIGURA 6.2

Como seria a estrutura de uma empresa ágil?

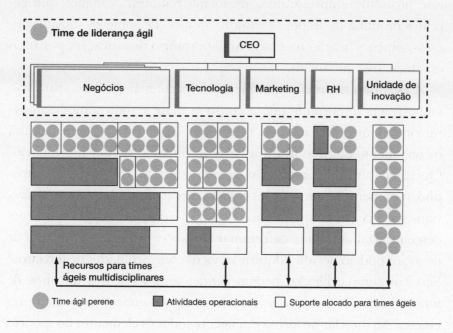

que ficam fora das unidades de negócios atuais ou envolvem várias delas, os times ágeis estarão situados o mais perto possível das operações que devem adotar e escalar suas inovações. Essa recomendação vai contra o que pregam muitos dos modelos de escala, que preferem isolar os times das operações e agrupá-los em grandes tribos. Mas há bons motivos para que os business owners tenham times ágeis sempre que possível. Primeiro, porque os melhores líderes são orientados a mudanças. Tirar a responsabilidade por mudanças da unidade de negócios é retirar a visão, a criatividade e a inspiração do/da líder – que a partir dali deixa de conduzir o negócio rumo ao futuro. Se quer ter líderes de alto rendimento, a empresa precisa empoderá-los e definir responsabilidades que permitam que liderem. Segundo, porque gerar ideias criativas não é geralmente a parte mais difícil de inovações bem-sucedidas. O mais difícil é escalar. Construir um protótipo é relativamente fácil quando comparado com escalar esse protótipo empresa afora de forma rentável. A menos que gerentes da linha de frente se sintam "donos" de soluções inovadoras, essas soluções ficarão mofando no laboratório de inovação, por mais espetaculares que sejam.

A estrutura de uma organização é a parte mais fácil de visualizar, embora seja importante que a empresa mapeie todo o modelo operacional. Como funcionarão os direitos de decisão? Quem definirá os orçamentos? Onde ficará a base de trabalho de um funcionário? Quem cuidará de contratação, treinamento, avaliação de desempenho, remuneração, promoções e plano de carreira? Que funções deveriam ser serviços compartilhados centralizados, em vez de operações descentralizadas? Como determinar alocações de custos? Unidades de negócios podem decidir adquirir serviços compartilhados de terceiros? Serviços compartilhados podem vender seus serviços a terceiros de fora? Nenhuma estrutura será perfeita. A boa notícia é que não precisa ser. Ao mesclar de forma inteligente todos os elementos do modelo operacional, os executivos podem garantir que nenhum elemento, por si só, impeça o sucesso. Uma mudança na estrutura pode ser desnecessária – ou pode ser adiada consideravelmente para priorizar mudanças em áreas como direitos de decisão, liderança e formas de trabalhar. É possível até que para criar times ágeis não seja preciso mexer em relações de subordinação das pessoas. Membros de times ágeis seguiriam se reportando a sua área de origem, mas seus gerentes atuariam como coaches de desenvolvimento profissional a longo prazo, em vez de supervisores no dia a dia, e as atividades diárias seriam planejadas e executadas com os times.

Descubra como – e com que rapidez – chegar lá

A empresa que embarca em uma transformação ágil já sai em vantagem em relação às que buscam outras formas de mudança, pois tem as ferramentas da agilidade a seu dispor. Naturalmente, precisa perguntar até onde quer ir, com que rapidez, por onde começar e como sequenciar as mudanças. Se seus líderes têm familiaridade com princípios ágeis (e esperamos que a essa altura já tenham), entenderão que a sequência apropriada é testar, aprender e escalar. Também saberão que precisam engajar a organização no processo, concebendo e cocriando mudanças para testar com pessoas de todas as áreas e níveis da empresa – nada de portas fechadas. Em cada fase, o processo de criação deverá deixar claro que trabalho deve ser feito por qual grupo e quem ficará responsável por cada decisão importante. O ágil funciona melhor quando as decisões são atribuídas o máximo possível às pessoas mais próximas da execução operacional da empresa – desde que essas pessoas tenham diretrizes e expectativas apropriadas sobre quando escalar uma decisão para um nível mais alto na hierarquia organizacional.

A empresa também precisa levar em conta o retrato geral das mudanças propostas no modelo operacional: não só na estrutura, mas também mudanças em responsabilidades e direitos de decisão, no sistema de gestão, na liderança e assim por diante. E pode acelerar ou desacelerar esse processo com base nos resultados obtidos até ali. Empresas que avançam a uma velocidade calculada para ir atraindo outros times em geral obtêm melhores resultados do que aquelas que tentam avançar o mais rápido possível. Essas últimas acabam criando uma perturbação na organização sem nenhum benefício óbvio, minando suas promessas para o futuro.

A Bosch Power Tools fornece um exemplo bastante didático desses preceitos. A divisão adotou uma abordagem muito bem sequenciada, de vários anos, para virar uma empresa ágil. A unidade de produtos para casa e jardim foi a primeira a ter times pilotos. Depois de aprender com os pilotos por cerca de seis meses, os líderes começaram a ampliar o número de times – que a certa altura chegaram à unidade toda. A divisão passou, então, a transformar suas outras cinco unidades de negócios em sequência, ao longo de um intervalo de dois anos. No momento da redação deste livro, a Power Tools estava estudando a melhor forma de aprimorar funções de suporte e controle, como finanças, RH e logística.

De partida, a divisão instituiu cinco pilares para nortear a transformação: estratégia, organização, liderança, processos e métodos, e cultura. Quando cada unidade de negócios iniciava o processo, eram formados times temporários com voluntários de todos os níveis e departamentos para projetar a nova organização. As discussões eram totalmente transparentes, e os times usavam um processo iterativo para incorporar feedback e fazer os ajustes correspondentes. Em uma unidade, o time responsável pela estrutura da organização fez um exercício com peças de Lego de cores variadas, com cada cor representando uma disciplina distinta. Isso permitiu que membros da equipe discutissem e testassem diferentes alternativas para distribuir as pessoas. Criar um protótipo teve muito mais impacto e foi muito mais inspirador do que traçar retângulos e linhas em um pedaço de papel.

Os líderes da Power Tools foram aprendendo com a experiência e ajustando a abordagem ao longo do tempo. Quando chegou a vez da terceira unidade de negócios, por exemplo, os dois primeiros meses foram dedicados ao "por quê", para que todos entendessem a razão por trás da transformação. E, embora o foco do primeiro ano do processo tivesse sido a estrutura, passado esse ano concluíram que era preciso dar mais ênfase a colaboração e cultura. Formas de trabalhar eram mais importantes e representavam uma mudança maior do que a estrutura em si. Os líderes também aumentaram consideravelmente o foco no apoio a novos comportamentos de liderança, organizando "dias de liderança" por toda a empresa. E fizeram investimentos expressivos em aprendizado. Dependendo de suas posições, algumas pessoas participavam de uma academia de liderança; outras, de academias funcionais. Funcionários recebiam feedback e coaching. Aprendiam conceitos básicos da agilidade, de design thinking e mindfulness.

Contar com coaches ágeis logo no início ajudou cada unidade de negócios a entender as novas abordagens e a impulsionar melhorias na produtividade.

A Power Tools de fato promoveu uma mudança considerável na estrutura, e os líderes da empresa viram isso como um fator crucial para viabilizar a transformação ágil. A nova estrutura rompeu silos funcionais, criou unidades menores de P&L e reduziu os níveis da hierarquia de cinco para três. Mas a empresa fez a mudança com cautela, iniciando com um piloto e implementando tudo ao longo de três anos. Além disso, a estrutura era apenas uma de várias frentes, e, na verdade, o maior impacto talvez tenha sido sobre as formas de trabalhar. Com o tempo, a divisão criou 55 equipes de negócios com responsabilidade de ponta a ponta e direitos de decisão, incluindo a produção. Essa mudança, combinada com o processo de liderança ágil descrito no Capítulo 4, acelerou a tomada de decisões. O fato de os times estarem próximos das operações de suas respectivas unidades permitia uma resposta mais rápida quando surgiam problemas. Decisões que antes subiam para o silo de produção e então para outros silos pertinentes agora podiam ser tomadas imediatamente. "Pertencemos, todos, a um time de propósito único", disse Daniela Kraemer, business owner na área de perfuração e cinzelamento leves. "Temos uma fábrica na China, por exemplo. O pessoal na fábrica detectou um problema com um fornecedor, envolvendo componentes de interruptores, e interrompeu a produção. No mesmo dia, tomamos medidas corretivas e os times de vendas e marketing se comunicaram com os clientes. Não poderíamos ter sido mais rápidos. Estávamos resolvendo o problema juntos."[2]

Criando um motor de talentos

"Queria que a empresa tivesse começado a trabalhar a questão de talentos antes." É difícil computar o número de vezes que ouvimos esse lamento de executivos de empresas em meio à transformação ágil. Por outro lado, empresas que deram a líderes do RH um lugar à mesa logo no início – e pediram que conduzissem o desenvolvimento de talentos – viram seu processo de transformação acelerar imensamente.

E por quê? Em toda empresa, a estratégia de talentos é produto da estratégia maior de negócios. Aquilo que a empresa requer em termos estratégicos e operacionais determina não só que tipo de profissionais é preciso ter, mas também as expectativas e aspirações que as pessoas podem ter ali dentro. Esse vínculo pede um planejamento da força de trabalho que, estranhamente, inexiste em muitos casos. Muitas empresas não avaliam o que a nova estratégia de negócios significa em termos de talentos. Não buscam descobrir de que tipo de profissionais precisam, em que quantidade, onde essas pessoas poderiam trabalhar e se poderiam, quem sabe, ter acesso a elas por meio de parceiros.

Não há como uma transformação ágil dar certo sem esse planejamento. A agilidade requer, quase que por definição, novas habilidades – e, portanto, novos talentos. Em praticamente toda empresa, líderes do RH vão imediatamente descobrir que há lacunas nos quadros internos, principalmente em disciplinas cruciais de tecnologia. Quando começarem a dedicar pessoas a projetos, verão que falta gente em certas áreas de especialização. Antigamente, esses especialistas talvez se dividissem por uma dezena de projetos; no ambiente ágil, isso não é uma opção. É provável, ainda, que a empresa descubra que precisa ter uma reserva, ou folga, em certas capacidades – quer dizer, sempre que o custo de manter essa reserva for menor do que o custo potencial de não contar com as habilidades necessárias. A boa notícia é que a própria agilidade pode ser útil aqui. Por exemplo, gerentes de RH podem prototipar ajustes no planejamento da força de trabalho para tentar solucionar um gargalo de recurso em uma parte da empresa. Com as lições aprendidas a partir dessa experiência, podem então escalar essa nova forma de planejamento.

Em certas situações, o RH pode descobrir que é mais barato e fácil treinar pessoas em novas habilidades do que buscar talentos no mercado. Sai caro demitir e contratar – quando se contabiliza todo o custo de desligamento, contratação e incentivos a novos contratados. Em geral, a grande maioria das pessoas que estarão trabalhando em uma empresa ágil são aquelas que já estão na organização. E isso é bom, não ruim. Afinal, você precisa de pessoas que tenham experiência em trabalhar com seus clientes e que saibam o que é importante para eles. Você precisa de pessoas que entendam como suas operações, processos e sistemas funcionam. Gente treinada em metodologias ágeis não tem nada de particularmente especial. Já pessoas que sabem como o ágil pode funcionar na sua organização, sim. E, aliás, muitas delas não estarão usando metodologias ágeis diretamente. Os times de operações precisarão entender o que a transição significa para eles; eles podem estar envolvidos com times ágeis e talvez precisem aprender novas habilidades, como participar de testes e escalar. Mas a maioria não estará em times ágeis e, portanto, terá apenas de adotar valores ágeis, não métodos ágeis.

O sistema de talentos

A estratégia de talentos é a base do sistema de talentos de uma empresa – ou seja, dos processos utilizados para contratar, desenvolver, distribuir, gerenciar e recompensar seu pessoal. A transformação ágil vai exigir a reformulação de vários aspectos desse sistema. Líderes seniores e a equipe de RH precisarão determinar como cada um deve evoluir – incluindo o departamento de RH propriamente dito. O exemplo a seguir pode ajudar a entender tudo o que isso envolve.

O Walmart tem mais de 1 milhão de funcionários. Isso significa que Julie Murphy, diretora de pessoas da empresa nos Estados Unidos, tem muitos clientes e é responsável por melhorar a experiência deles. Para isso, ela estuda os diferentes segmentos de sua base de clientes e tenta entender sua jornada como um todo e episódios importantes dentro dela. Junto com a equipe, define prioridades com base na importância e na frequência desses episódios e na oportunidade de melhorar cada um deles.

No começo de 2018, Murphy montou cinco times ágeis em torno dessas prioridades para acelerar o ritmo da inovação. Os times focaram em contratação, aprendizagem, progressão, gestão de desempenho e simplificação. A adoção de times ágeis trouxe mais transparência ao trabalho. Melhorou a capacidade do grupo de definir prioridades. E, com efeito, o ritmo de inovação subiu drasticamente. Um time, por exemplo, trabalhou na contratação de pessoal da linha de frente. O grupo que trabalhava nessa experiência – que incluía gente em regime de dedicação integral com experiência em RH e tecnologia – criou uma ferramenta para avaliar melhor potenciais candidatos, reduzir vieses no processo de contratação e diminuir o fardo administrativo para todos.

O primeiro release do time muniu os profissionais de RH em campo com uma lista priorizada de candidatos gerada por um algoritmo que agregava e analisava mais de 20 dados distintos. Os membros do time lançaram a ferramenta em um mercado, colheram feedback de gerentes de loja e de profissionais do RH em campo e, em seguida, fizeram um segundo lançamento em outro mercado, para novos testes e mais aprendizado. Em meados de 2019, a nova ferramenta – batizada de Hiring Helper – tinha aumentado em 20% o fit de candidatos na comparação com métodos de seleção tradicionais. Além disso, nos primeiros dois releases, quando os candidatos eram selecionados com o uso da ferramenta a taxa de perda ("attrition") posterior de colaboradores caiu 5% e a de absenteísmo entre 15% e 30%. Enquanto escrevíamos este livro, o time continuava testando, aprendendo e escalando.

O Walmart, naturalmente, é apenas uma empresa. O número de times ágeis exigidos por outras empresas no setor de RH vai depender da magnitude e do escopo das mudanças necessárias para sustentar a transformação ágil. Implementar mudanças simples em políticas ou práticas de RH pode ser fácil e descomplicado. Já inovações maiores em processos e tecnologia podem se beneficiar do trabalho de times ágeis. Vejamos a seguir alguns dos princípios que regem essas mudanças.

Promova liderança, não só gestão

Liderança significa mais do que simplesmente estar a cargo de uma equipe e produzir os resultados desejados. Líderes ágeis, em particular, deveriam ser premiados de acordo com sua contribuição para um ambiente ágil. Em uma área da Bosch Power Tools, por exemplo, os líderes pediram a um grupo de mais de 50 pessoas que definissem um conjunto de atributos de liderança – habilidades e características que seriam usadas para avaliar candidatos a uma promoção. O grupo definiu cinco critérios: observação, empatia, coração, autonomia e adaptabilidade. Ou seja, não bastava que a pessoa gerasse ótimos resultados; ele ou ela também tinha de ser o tipo certo de líder. Além disso, a divisão migrou de um processo no qual os chefes indicavam alguém para uma promoção para um processo no qual as pessoas se candidatam e um comitê decide quem é promovido. O novo sistema mitigou um problema comum: gerentes que passam de uma missão a outra sem nunca se reportar a um único chefe por um período longo o bastante para que este chefe os indique para uma promoção.

Empresas ágeis também enfatizam o coaching em vez do plano de carreira, pois o caminho que leva ao topo não é mais um só. Funcionários em uma empresa ágil podem aprender, abraçar grandes oportunidades e se tornar mais valorosos sem ser promovidos. Em um mundo no qual todos querem ter mais controle do próprio destino, muitas empresas estão colocando o indivíduo no centro do desenvolvimento da carreira e dando apoio na forma de coaching. Essas empresas estão também ajudando líderes a desenvolver habilidades de coaching. Na Bosch, o coaching foi um tema crucial do programa de aprendizagem para a transformação ágil, estendendo-se além dos times ágeis e chegando nas operações. Um gerente de fábrica na China ficou tão inspirado pelo aprendizado que investiu o tempo livre para se tornar um coach certificado.

Busque novos talentos inspirados por sua missão

Em empresas ágeis, a abordagem de recrutamento de talentos é focada na missão e em resultados, não em status ou em um currículo espetacular. A Stripe, do setor de pagamentos digitais, lança mão de sua missão ao afirmar que quem for trabalhar ali terá a "oportunidade inédita de colocar a economia global ao alcance de todos e, ao mesmo tempo, fazer o trabalho mais importante de sua carreira".[3] A Stripe usa poucos títulos, e os candidatos são alertados: "Depois de alguns anos, talvez seu LinkedIn não esteja tão chamativo quanto o de seus pares em outras empresas".[4] O resultado é que a Stripe atrai gente entrosada com a cultura e o ambiente ágil da organização. E não é só o benefício cultural. Estudos apresentados por nossos colegas Michael Mankins e Eric Garton no livro *Tempo, talento, energia* sugerem que trabalhadores inspirados aumentam a produtividade.[5] As pessoas podem se sentir inspiradas pela missão da empresa, pelo supervisor imediato ou pela atuação em um time ágil produtivo.

O foco da gestão de desempenho deve ser melhorar

Times ágeis estabelecem objetivos claros para si mesmos. E, ao trabalhar para atingir esses objetivos, buscam entender o que funciona bem e o que não funciona. O feedback deveria incentivar esse aprendizado, com o objetivo de melhorar resultados no futuro. Não deveria ser algo ligado exclusivamente à remuneração. Quando a gestão de desempenho se concentra demais em recompensas, a discussão muda: os gestores podem se sentir constrangidos ao externalizar algum tipo de feedback se souberem que isso vai afetar a remuneração de alguém. Antigamente, a Bosch Power Tools dava feedback ao pessoal uma vez ao ano, durante a avaliação anual de desempenho – como fazem muitas empresas. Conforme a divisão foi evoluindo para uma organização ágil, foram criadas ferramentas para que cada time receba feedback frequentemente. "Esse feedback está produzindo mudanças flexíveis de comportamento e atitude", disse o presidente da divisão, Henk Becker.[6]

Viabilize o dinamismo na contratação e planos de carreira atrativos

Empresas ágeis simplificam a arquitetura de cargos – títulos, níveis, faixas salariais –, sobretudo em áreas que tendem a fornecer mais gente para times ágeis. Isso significa que certas empresas também terão que desenvolver caminhos de progressão para especialistas. Um time deve ser capaz de descrever facilmente os recursos de que precisa e participar da seleção. "Antes, participavam o RH e o chefe", diz Becker. "Agora, o time trabalha na seleção, com a participação de [pessoas de] várias áreas e níveis hierárquicos. O time deve poder opinar se quer um certo tipo de chefe, no que diz respeito a competência e personalidade."[7]

Os funcionários precisam ser capazes de crescer sem subir um nível, e seus títulos devem fazer sentido em toda a empresa. Na Bosch Power Tools, "o plano de carreira é diferente", diz Becker. E explica: "Temos papéis especializados, papéis de excelência, business owners. Criamos novos papéis, que deram às pessoas a possibilidade de formar um perfil em T", ou seja, com profunda especialização em determinada área, mas também um domínio da cadeia de valor completa. Virar um "agile master" (Scrum master) também é uma nova oportunidade de desenvolvimento na Bosch.

Dê ferramentas para o time ser eficaz

A Bosch Power Tools experimentou uma série de ferramentas de gestão para ajudar os times a ter mais sucesso. Uma delas, chamada de

IDD ("individual development discussions", ou discussões de desenvolvimento individual), podia ser usada por funcionários para pedir o feedback de colegas. No passado, essas informações teriam vindo de pessoas em outras áreas ou disciplinas. Agora, certos times estavam usando o processo para ouvir a opinião de pessoas com quem trabalhavam todos os dias. "As pessoas estão cada vez mais começando a pedir feedback", disse Anne Lis, especialista de RH da divisão.[8] A Power Tools também organizou workshops de metas, nos quais um time se reúne e traça metas coletivas com base em expectativas financeiras comunicadas por líderes. Os membros definem as competências necessárias para atingir as metas e decidem o que precisam fazer para atingi-las. As sessões podem ser moderadas por um "agile master", por alguém do RH ou por um membro da equipe.

Recompensas de times

Uma empresa pode pensar em recompensas em quatro níveis distintos: o do indivíduo, o do time, o do time de times e o da empresa como um todo. Em empresas ágeis, as recompensas focam no valor que o indivíduo agrega à organização e no sucesso coletivo dos times dos quais esse indivíduo faz parte. A remuneração fixa pode ser ditada pelo mercado, mas os incentivos quase sempre devem ser baseados nos resultados do time ou da empresa. À medida que o indivíduo progride e assume mais responsabilidades, cresce a parcela das recompensas atrelada aos resultados da empresa toda. Funcionários mais juniores podem ser remunerados por resultados individuais e do time, enquanto colaboradores mais seniores receberiam por uma combinação de resultados individuais, de times de times e da empresa de modo geral. Naturalmente, toda recompensa precisa ser contextualizada: deve estar alicerçada na cultura, nos valores e nos comportamentos que a empresa está tentando encorajar.

O infeliz sistema de gestão de desempenho e recompensas da Microsoft no começo da década de 2000 serve de alerta. Durante anos, a gigante do software utilizou um sistema de classificação como parte de seu modelo de avaliação de desempenho. Em intervalos regulares, contam Mankins e Garton, "uma certa porcentagem de membros de qualquer equipe eram classificados como 'excelentes', 'bons', 'medianos', 'abaixo da média' ou 'ruins', independentemente do desempenho geral da equipe".[9] Como a remuneração estava diretamente atrelada à classificação de desempenho de cada pessoa, gente excepcionalmente talentosa evitava trabalhar em times com outros indivíduos igualmente excepcionais, para não correr o risco de ver sua classificação prejudicada na avaliação – e, por conseguinte, sua remuneração. O efeito desse sistema de mercado interno foi desencorajar o trabalho em equipe, com efeitos previsíveis na produtividade. "Para desenvolver, depurar e lançar o OS X, uma mudança revolucionária no sistema operacional da Apple, a empresa precisou de apenas 600 engenheiros e menos de dois anos. Em comparação, foram necessários 10 mil engenheiros e mais de cinco anos para desenvolver, depurar e lançar – e, no final, recolher – o Windows Vista."[10] Essa diferença de produtividade de mais de 40 vezes pode ser explicada, ao menos em parte, pela ênfase da Apple na recompensa com base no trabalho em equipe e no uso pela Microsoft da classificação individual de seu sistema.

***

Há muito a considerar na hora de projetar um modelo operacional holístico, que integre estrutura organizacional, responsabilidades e direitos de decisão, sistema de gestão, formas de trabalhar, práticas de talentos e assim por diante. Quando isso é bem-feito, você cria equipes inspiradas por uma missão, as quais atuam juntas por toda a organização, tanto aquelas voltadas a tocar a empresa quanto as dedicadas a transformar o negócio. Você não terá todas as respostas logo de saída. E tudo bem – ninguém espera que você as tenha.

Cinco principais aprendizados

1. A maneira como uma organização trabalha holisticamente – seu modelo operacional – é muito mais importante do que sua estrutura formal propriamente dita. Você precisa de mais do que mudanças estruturais para romper silos e hierarquias.
2. Visualize o modelo operacional futuro com uma definição adequada de cada negócio a fim de projetar unidades de negócios e P&Ls que façam sentido do ponto de vista estratégico. Times ágeis estarão espalhados por toda a organização. Em geral, é mais importante posicionar times ágeis perto de onde suas inovações serão aplicadas do que perto de outros times ágeis.
3. Vá aos poucos para ir ganhando apoio e embalo. O plano sequenciado precisa incluir todos os elementos do modelo operacional: responsabilidades e direitos de decisão, sistema de gestão, liderança e cultura e práticas de talentos, entre outros.
4. Reveja continuamente sua estratégia de talentos. Embora seja preciso trazer novos talentos de fora, a maioria das pessoas que sua organização futura exigirá já está na empresa. E isso é bom.
5. É preciso trabalhar bastante o sistema de talentos de uma empresa. Por isso, comece cedo e faça do RH um parceiro importante na transformação.

7

Processos e tecnologia ágeis

Quando virou CEO do Royal Bank of Scotland (RBS), no final de 2013, Ross McEwan traçou uma agenda ousada. Dali em diante, servir bem o cliente seria o principal propósito do banco. O RBS faria de tudo para ser o primeiro do setor no atendimento, na confiança e no relacionamento com o cliente. Valores fundamentais da instituição – tais como trabalhar juntos como um time e agir sempre com integridade – sustentariam e refletiriam essa ambição. Alguns meses depois, McEwan nomeou Les Matheson como CEO da divisão de pessoa física e pequenas empresas ("Personal and Business Banking") da instituição. Nos três anos seguintes, Matheson converteria a unidade de crédito imobiliário do RBS em uma das três maiores do Reino Unido, registrando avanços também no atendimento ao cliente, no relacionamento com o cliente e na posição de custos.

À época, no entanto, a divisão enfrentava um cenário adverso. No mercado, a demanda tinha caído, assim como as margens. Novas concorrentes surgiam por toda parte, incluindo corretoras digitais de crescimento acelerado como a Trussle e fintechs como a Habito. Para enfrentar esses desafios e abrir novas oportunidades de crescimento, Matheson recorreu primeiro ao grande propósito do RBS: atender bem o cliente. Para clientes do crédito imobiliário, constatou, seria melhor se o banco pudesse transformar a unidade tradicional em uma operação digital de financiamento da casa própria que garantisse uma experiência de alta qualidade ao cliente.

A convicção de Matheson de que uma empresa, para ter sucesso, precisa achar maneiras de satisfazer as necessidades de seus clientes já existia desde seu primeiro emprego. Ele começou sua carreira atuando com gestão de marcas na Procter & Gamble, onde entender e entregar o que o cliente precisa era o coração da empresa. Mas, na busca por criar um negócio digital de crédito imobiliário, ele enfrentaria três grandes obstáculos. Um era o processo orçamentário, discutido no Capítulo 5. Outro entrave, também abordado no Capítulo 5, era uma estrutura organizacional baseada mais em questões internas, como produtos financeiros, do que em aspectos ligados ao cliente. O terceiro obstáculo eram os procedimentos, sistemas e dados inflexíveis do RBS. Só para dar um exemplo, Matheson vinha tentando havia anos substituir a tortuosa operação de solicitação de crédito do banco, que geralmente somava 66 páginas de papel, por um aplicativo digital. A inovação exigia alterações em processos em vários departamentos, a maioria deles sem experiência em trabalhar em conjunto com outros. Exigia, também, mudanças em diversos sistemas, cujas demandas competiam por recursos de desenvolvimento de software. Para completar esse cenário de dificuldades, havia ainda a forma de trabalhar em silos, presente nas áreas de negócios, de TI e de organização da mudança.

Matheson sabia que sua visão não se materializaria se todos seguissem trabalhando do jeito de sempre. Mais ainda, achava que o banco tinha de mudar o modo como desenvolvia e vendia produtos financeiros para atender às necessidades financeiras dos clientes. Seu primeiro passo foi montar sete pequenas equipes multidisciplinares para cuidar de sete jornadas, cada uma voltada a uma necessidade do cliente. Isso incluía jornadas grandes e complexas como "pedir um financiamento", jornadas médias como "notificar e gerenciar fraudes" e pequenas como "substituir um cartão de débito". Ao observar os times em ação, Matheson aprendeu duas coisas importantes. Primeiro, viu que as jornadas ligadas ao financiamento de imóveis pareciam ter o maior potencial de agregar mais valor ao cliente – e, portanto, resolveu se concentrar aí inicialmente. Segundo, percebeu que montar times multidisciplinares e dar a eles uma missão não era suficiente. Fazia um tempo que vinha ouvindo colegas de dentro e fora do banco falar sobre inovação ágil e entendeu que um conjunto mais amplo de práticas ágeis poderia tornar as equipes mais eficazes e sustentar melhor seus bons resultados. Depois de estudar o assunto, decidiu iniciar uma transformação ágil focada no cliente, começando pela divisão de crédito imobiliário.

O time de liderança criado por Matheson para atingir esse objetivo deu início ao trabalho. Os integrantes da equipe usaram primeiro a metodologia conhecida como "human-centered design" para desenvolver uma "North Star" focada no cliente – ou seja, uma visão das experiências e dos benefícios que o cliente mais valoriza nos provedores de serviços financeiros – a fim de nortear as atividades de inovação. Em entrevistas, representantes da empresa expuseram dois elementos da North Star: "Vejo o banco como a via que me conecta a especialistas e a ferramentas de que necessito" e "O banco facilita o processo de encontrar, comprar e administrar meu imóvel digitalmente – e recebo ajuda quando preciso".[1]

Em seguida, a equipe criou uma estrutura que incluía todas as principais experiências do cliente e os objetivos de negócios de cada uma. O pedido de financiamento de imóvel era uma dessas experiências; seus objetivos incluíam reduzir drasticamente o tempo e o esforço exigidos para o cliente fazer a solicitação e para o banco aprovar o pedido. Então, a liderança começou a montar times ágeis multidisciplinares, dedicados integralmente a cada experiência dessas. Fez, ainda, uma série de ajustes para que todo time pudesse inovar rapidamente. Um exemplo: reuniu membros de times no mesmo local físico e atrelou sua verba a resultados de negócios, não a funcionalidades de produtos. "A organização em torno de jornadas do cliente está no coração do nosso novo modelo", disse Matheson. "Esse formato permite que um time multifuncional adote o ponto de vista do cliente em toda interação com o banco. Por mais que tentássemos, jamais conseguiríamos o mesmo com a antiga organização funcional, focada em produtos financeiros."[2]

O time de liderança ágil – conduzido por Frans Woelders, diretor de digital da área de banco de varejo do RBS – sabia que precisava mostrar resultados impressionantes a fim de criar impulso para a transição ágil. Assim, eles decidiram focar primeiro em uma ou duas das grandes oportunidades que tanto unidades de negócios como times de inovação acreditavam que poderiam atingir. A experiência de pedido de financiamento ficaria a cargo de um dos primeiros times perenes de jornada do cliente – como eram chamados os grupos ágeis. Na visão projetada, a solicitação poderia ser feita via smartphone ou computador em menos de uma hora. A conversa posterior (para fins regulatórios) seria feita por telefone e não pessoalmente – e o cliente receberia a resposta do banco em questão de dias, não de semanas.

Liderados pelos designers, os integrantes do time conduziram uma pesquisa com clientes para saber sua opinião. Com esse feedback, o pessoal de operações e atendimento ao cliente que integrava o time formulou novos processos – digitais, pensados para o usuário – a fim de criar a experiência que o cliente queria; já engenheiros de software no time escreveram o código que viabilizava esses novos processos, com o apoio de engenheiros e analistas de dados que garantiam a disponibilidade e a manutenção de dados corretos. Isso tudo foi feito em sprints de duas semanas, com o feedback de clientes ao término de cada uma. Para começar, os clientes viram um protótipo parcial. Depois, um protótipo completo e, por último, sistemas de produção finalizados. Membros do time ágil oriundos do setor de operações lideravam o treinamento dos consultores para pedidos de empréstimos nos novos processos: com o aplicativo ainda na fase de teste, o grupo era reduzido; já antes do lançamento geral, incluiu todos os consultores. "Ter pessoas de negócios e de tecnologia trabalhando juntas, como um time, é essencial para o sucesso", disse Woelders. "Se esse pessoal estivesse trabalhando separadamente, nem com o máximo esforço de alinhamento teríamos chegado perto da velocidade e da qualidade do produto de que precisamos. Tendo iniciado com o crédito imobiliário, estamos agora engajados nas novas formas de trabalhar em todas as áreas de negócios de clientes."[3]

Para que a equipe de pedidos de financiamento e os times de outras jornadas conseguissem alcançar esse nível de sucesso e velocidade, o RBS fez várias mudanças para alavancar a agilidade. Instituiu as mudanças em orçamento, financiamento e governança que discutimos no Capítulo 5. Adotou critérios de desempenho baseados nos resultados do time. Utilizou certas práticas do Scaled Agile Framework – um dos frameworks de escala discutidos no Capítulo 2 – para administrar interdependências entre os principais sistemas e as diversas equipes de jornada que precisam desses sistemas.

À medida que as capacidades ágeis da organização melhoravam, os resultados apareciam. Adotar o ágil permitiu que a área de crédito imobiliário para pessoa física aumentasse o ritmo de inovação. O banco lançou o primeiro processo de solicitação de financiamento de imóvel sem papel do Reino Unido; hoje, 90% de todos os pedidos são digitais. Aumentou a portabilidade do financiamento por canais digitais de 34% no primeiro semestre de 2017 para cerca de 60% um ano depois. Reduziu o tempo médio transcorrido entre a entrada do pedido e a resposta – de 23 dias para 11. Essas inovações ajudaram o RBS a se tornar líder de mercado em NPS (Net Promoter Score), por receber notas elevadas de clientes contratando um novo crédito imobiliário. Durante a redação deste livro, o time responsável pelos pedidos de financiamento seguia firme e trabalhando para continuar aprimorando o processo. O objetivo é diminuir ainda mais o esforço exigido do cliente e o prazo de aprovação – e, claro, permanecer à frente de concorrentes cada vez mais competentes. Além disso, o sucesso na área de financiamento imobiliário ajudou a construir o compromisso da organização com formas ágeis de trabalhar, levando à adoção do ágil em toda a divisão de pessoa física.

O desafio de processos e tecnologia

A essa altura do livro, você já deve ter uma boa ideia de como a agilidade pode ajudar empresas a criar ótimas soluções para o cliente. Ou seja, produtos e serviços que deem ao cliente – pessoa física ou jurídica – o valor que ele busca. Mas todo serviço e todo produto dependem de processos – passos e procedimentos que empresas usam para criar e entregar esses produtos. Esses processos, por sua vez, são quase sempre sustentados por tecnologia, sobretudo por software.

Para a maioria das empresas, os processos e tecnologias existentes são barreiras, ao invés de viabilizadores, da busca de ótimas soluções para os clientes. Pensemos no ponto de partida da transição no RBS: processos e sistemas complicados dificultavam a prestação de um ótimo serviço. É uma situação muito comum. Filiais regionais ou unidades de negócios de uma empresa, por exemplo, podem estar trabalhando de modo muito distinto uma das outras, dificultando ou impossibilitando a integração e o treinamento. Ninguém fez isso de propósito: foi simplesmente o resultado de milhares de pequenas decisões tomadas ao longo dos anos por pessoas diferentes. Ou, então, uma empresa pode ter comprado uma série de companhias e nunca integrou bem nenhuma delas, convivendo com uma série de sistemas diferentes subutilizados. De novo, processos e tecnologias com os quais os funcionários precisam lidar tendem a gerar frustração e ineficiências.

Lamentavelmente, as áreas de TI e o software que desenvolvem são notórios por criar essa dificuldade. Um problema comum entre certas empresas é gastar milhões em software customizado quando soluções-

-padrão disponíveis no mercado atenderiam às suas necessidades. Outro é desenvolver software usando o processo tradicional em cascata, com todos os requisitos detalhados previamente – e um software final repleto de funcionalidades que ninguém usa. Com isso, produzem um grau de complexidade inadministrável para meros seres humanos. Em muitas áreas de TI, o acúmulo de pedidos de alterações ou novos produtos é tamanho que dá origem a uma espécie de universo paralelo de TI ("shadow IT"): cansados de esperar, executivos criam minidepartamentos de TI próprios ou buscam fornecedores externos. Isso, obviamente, só agrava a complexidade, criando processos, sistemas e padrões técnicos desnecessariamente diversos.

Burocracias – justamente por serem burocracias – normalmente se apegam aos processos e à tecnologia já existentes enquanto puderem, o que na maioria das vezes é tempo demais. Afinal, trocar ou mudar vai sair caro. Mudanças vão atrapalhar o dia a dia da empresa. E, de todo modo, o resultado final provavelmente não será muito melhor – ou pelo menos é o que diz a mentalidade burocrática. Naturalmente, quando as coisas ficam muito ruins ou custosas, a equipe de liderança finalmente vai decidir que é hora de mudar. A portas fechadas, vai definir especificações e o orçamento para os novos processos e sistemas e depois dizer aos subordinados para resolverem tudo. Essas organizações têm um desequilíbrio crônico, alternando entre a estagnação e surtos ocasionais de mudanças ineficazes.

Como vimos no RBS, empresas que embarcam na jornada ágil fazem as coisas de outro jeito. Elas entendem que as soluções para o cliente devem ser direcionadas pelas necessidades desse cliente. Sabem que essas soluções devem moldar os processos e que a tecnologia deve suportar e automatizar esses processos (Figura 7.1). Adeptos da agilidade também sabem que soluções, processos e tecnologia devem ser continuamente adaptados à medida que as necessidades do cliente vão mudando. Acreditam que times ágeis são o instrumento mais adequado para o desenvolvimento de soluções inovadoras quando o que entregar e o como entregar (ou ambos) são vagos e imprevisíveis – situação típica quanto o assunto é satisfazer necessidades do cliente. E sabem que times de inovação e operações devem trabalhar em estreita colaboração e, dependendo do caso, até mesmo ser fundidos.

FIGURA 7.1
A taxonomia de oportunidades alinha três componentes

1. **Soluções para o cliente**
   Baseadas em necessidades
   e frustrações de clientes e
   em benefícios desejados

2. **Processos de negócios**
   Definir relação entre benefícios
   para o cliente e principais
   processos de negócios

3. **Tecnologia**
   Definir tecnologia que
   dará suporte a esses processos

Neste capítulo, vamos explorar inovações em processos e tecnologias e ver como sustentam a criação de soluções pioneiras para o cliente. O capítulo trata, primordialmente, de processos e sistemas que estão por trás de soluções para o cliente ligadas a serviços, não a produtos físicos – embora isso inclua, sim, os inúmeros serviços que dão suporte a produtos físicos.

As soluções para o cliente devem começar pelo cliente

Os times de soluções em busca de inovações em processos e tecnologias devem ter o foco no cliente, assim como qualquer outro time ágil. Às vezes, o cliente em questão é interno. Mas, mesmo nesses casos, é importante considerar as necessidades dos clientes externos atendidos por esse cliente interno. Ainda hoje, frequentemente áreas como TI e finanças focam nas necessidades internas em vez de focar nas necessidades dos clientes que atendem – uma explicação para a péssima fama de tantos departamentos de TI por aí. Inovações nessas áreas não raro refletem o que engenheiros de software ou especialistas em finanças julgam importante, e não o que seus clientes podem achar mais valioso. Já times ágeis buscando mudanças em processos e sistemas encaram inovações em soluções para clientes, processos e tecnologia como produtos ágeis. Partindo daquilo que o cliente precisa, o objetivo desses times é garantir que todas essas inovações satisfaçam as necessidades do cliente do modo mais simples e eficaz possível.

O ponto de partida deve ser sempre a solução: a criação de uma experiência do cliente específica, como pedir um financiamento para a compra de um imóvel, ou o desenvolvimento de uma certa funcionalidade, como verificar renda e patrimônio declarados pelo cliente. Em geral, a experiência do cliente é a melhor ferramenta para a definição da solução, pois normalmente é mais fácil associar a experiência que o cliente vive com aquilo que ele valoriza. Dependendo da situação, no entanto, a funcionalidade é uma construção melhor; é o caso quando a funcionalidade sustenta muitas experiências diferentes ou quando organizar por experiência é inviável. Já que tanto experiências quanto funcionalidades costumam extrapolar fronteiras de funções e de departamentos, um time realmente eficaz vai trabalhar com todas as áreas envolvidas. Quando a solução é grande o bastante para que haja mais de um time envolvido, a empresa pode desmembrar a solução em componentes modulares. Dessa forma, cada time pode testar as opções com clientes e avançar de forma relativamente independente, garantindo a todos esses times o maior controle e velocidade possíveis.

No Capítulo 2, vimos os benefícios de estruturar times ágeis em torno de uma taxonomia de soluções relacionadas. Isso também vale no caso de soluções para o cliente que direcionam processos e tecnologia. Nos Estados Unidos, por exemplo, uma grande companhia de seguro de saúde formulou uma taxonomia com base em cinco portfolios:

segurados, empregadores, prestadores de serviços de saúde, corretores de benefícios e trabalhadores. Cada um dos cinco "portfolio owners" atua como o gerente de produtos para o conjunto completo de experiências e funcionalidades que servem seu portfólio. Certas funcionalidades, como processamento de sinistros, cruzam vários portfólios e são lideradas por um "chief capability owner" – o dono da funcionalidade. Essa estrutura permite que a empresa crie roadmaps para soluções maiores que requerem times de times e ajuda a gerenciar interdependências entre esses times.

Já que mudanças em soluções para o cliente, em processos e em tecnologia são altamente interdependentes, um time responsável por inovar em qualquer uma dessas áreas normalmente tem poder para alterar todas as três. Se a tarefa for grande demais para um time só, é possível colocar vários times para trabalhar de forma coordenada. Além disso, como vimos no Capítulo 5, a maioria das empresas constata que times perenes são mais eficazes do que times de projetos para a inovação em soluções.

Aprender com experimentos é fundamental para a inovação ágil. Mas fazer experimentos com inovações em soluções para o cliente sustentadas por processos e tecnologia traz desafios bem específicos. O ideal de toda burocracia é ter operações claras, estáveis, previsíveis. A maioria das operações estruturadas de forma tradicional não foi projetada para ficar fazendo mudanças pequenas e frequentes em processos. Para grupos de TI tradicionais, tampouco é fácil fazer alterações pequenas e frequentes em funcionalidades dos sistemas. E também há considerações maiores: muitas empresas, sobretudo em setores regulamentados, precisam seguir longos e detalhados procedimentos para poder alterar processos ou tecnologias. Muitas não possuem habilidades analíticas e técnicas necessárias para desenhar testes e medir resultados de modo que maximize o aprendizado. Executivos e gerentes costumam expressar o receio de que testes malsucedidos criem riscos expressivos para os clientes.

Vejamos cada desafio desses em mais detalhes.

Inovação em processos

O RBS entendeu que mudanças em soluções para o cliente deveriam direcionar mudanças em processos. Por exemplo, o consultor de crédito imobiliário que verificava a exatidão das informações no pedido feito digitalmente precisava trabalhar de modo muito diferente do consultor que avaliava uma solicitação em papel. O banco teve, portanto, que reformular os processos adotados pelos consultores de financiamento quando lançou o pedido digital.

Como, então, os times ágeis devem construir processos inovadores? Sob certos aspectos, a inovação em processos é igual a qualquer outra inovação ágil. Você inicia com o cliente e vai trabalhando internamente para resolver as necessidades dele de modo incremental e iterativo. Para chegar lá, são necessárias equipes multidisciplinares empoderadas. Sob outros aspectos, no entanto, a abordagem requer um grau mais elevado de sofisticação. Dois métodos são considerados especialmente úteis por empresas.

Projetar operações como funcionalidades modulares

Hoje em dia, os sistemas de software costumam ser construídos como microsserviços, ou seja, pequenas unidades modulares de funcionalidade com interfaces claramente definidas. Qualquer desenvolvedor de sistemas pode fazer uso de um microsserviço se souber a função que ele executa e entender suas interfaces. Funcionalidades de operações também podem ser construídas assim. O departamento da empresa responsável por administrar o espaço de trabalho, por exemplo, poderia receber parâmetros para o total de pessoas que precisa acomodar, o tipo de atividade que essas pessoas exercem e requisitos de localização; poderia, então, receber a missão de encontrar e locar um espaço que satisfizesse esses requisitos. Um arranjo modular como esse permite que um time ágil melhore o funcionamento da funcionalidade sem receio de estar interferindo em outras partes da organização.

Incentivar a livre concorrência por funcionalidades

Assim como clientes externos podem escolher de que fornecedor comprar, é possível determinar se uma funcionalidade interna é realmente de primeira categoria ao dar a outros setores da organização a opção de usar provedores externos. Para isso, a funcionalidade deve ser projetada para interagir com outras de forma modular. No exemplo acima, do espaço de trabalho, um fornecedor externo também poderia prestar o serviço descrito, permitindo que a empresa comparasse os resultados. Certas empresas vão além e incentivam funcionalidades internas a competirem lá fora, no mercado. A Amazon Web Services (AWS) é um dos exemplos mais notórios (voltaremos à AWS no Capítulo 8). Para muitos, o sucesso comercial no mercado é o melhor indicador de que a funcionalidade é de primeira. E esse sucesso pode render dinheiro e aprendizado valiosos para que a funcionalidade siga melhorando.

***

Se você trabalha em um time de inovação em processos, pode sentir outras diferenças também. Seu principal cliente pode ser um cliente interno que trabalha para satisfazer clientes externos. Nesse caso, pode ser necessário trabalhar com os dois grupos. O time de crédito imobiliário do RBS recebeu informações tanto de consultores de financiamento imobiliário internos como de clientes externos que pediam o crédito. Há, ainda, quem esteja criando uma funcionalidade que será usada por vários clientes internos – o que pode exigir a customização da solução para cada segmento de clientes ou levar a trade-offs difíceis. Quando foi modernizar seus sistemas de cadeia de suprimentos, uma fabricante de equipamentos industriais com 50 fábricas ao redor do mundo teve de aceitar certas diferenças em processo entre essas instalações, mesmo buscando um grau de padronização maior. A inovação ágil em processos muitas vezes requer uma alta dose de tecnologia. Achar pessoas, especialmente product owners, que dominem tanto aspectos operacionais quanto tecnológicos é um desafio. São necessários indivíduos e times especiais para ter sucesso. Ao montar suas estruturas de donos de jornadas de clientes, o RBS investiu muitos esforços para liberar indivíduos com esses dois conjuntos de habilidades e para desenvolvê-las em outras pessoas.

Outro desafio é administrar o vínculo com as operações. Mudar coisas que foram concebidas para permanecer estáveis é difícil. É preciso, por um lado, estabelecer vias eficazes para que ideias melhores fluam das operações para os times responsáveis pela inovação em processos e tecnologias e, por outro, para que inovações criadas por esses times sejam implementadas nas operações. As empresas podem usar uma variedade de técnicas. Uma saída é que o product owner venha da operação para a inovação, o que não só traria um conhecimento prático relevante como daria credibilidade ao time. Gerentes e funcionários representativos da linha de frente da operação podem participar de reviews de sprints na condição de stakeholders-chave. O product owner pode se empenhar em discutir (o tempo que for necessário) ideias e protótipos com esses representantes – e alguns deles podem ser destacados para trabalhar de perto com times de inovação a fim de pilotar mudanças. O pessoal de operações deve ser capaz de dar ideias por meio de um sistema automatizado, com acompanhamento individual se necessário. E todos, tanto times de inovação quanto equipes de operações, devem usar as mesmas métricas de negócios – como crescimento da receita, custo operacional, confiabilidade ou Net Promoter Score – para promover os incentivos certos. A recomendação que demos no Capítulo 6 de montar times de inovação dentro das unidades organizacionais a que servem contribui ainda mais para que as mudanças sejam adotadas pelo setor de operações.

Inovação em tecnologia

O ágil se difundiu mais depressa entre inovadores da área de tecnologia, sobretudo engenheiros de software. O que torna o ágil uma abordagem tão eficaz para o desenvolvimento de software? Os problemas a serem solucionados são complexos e as soluções, a princípio, desconhecidas. Os requisitos do produto provavelmente mudarão. O trabalho pode ser modularizado e executado de forma incremental. Uma colaboração estreita com usuários finais (e o rápido feedback deles) é factível. Testes podem ser automatizados. Taxas de sucesso com métodos tradicionais (em cascata, ou waterfall) são baixas. Já o valor do sucesso é alto, sobretudo com a crescente importância de soluções digitais para clientes.

Vemos muitas organizações com uma grande quantidade de times ágeis de tecnologia – mas não vemos muitas organizações de tecnologia ágeis. Embora departamentos de tecnologia tenham adotado vastamente o desenvolvimento ágil de software, a maioria não está acompanhando o ritmo das mudanças necessárias em processos de negócios e soluções para o cliente. A essa altura, algumas das razões para essa frustrante disparidade soarão familiares: não partir daquilo que o cliente necessita para decidir o que criar; impor uma mudança "big-bang" lá do alto, levando à adoção displicente e incoerente de práticas ágeis; líderes que falam sobre agilidade, mas não mudam o próprio estilo de gestão; sistemas rígidos, lentos e importunos de planejamento, orçamento e revisão; políticas de pessoas, incluindo remuneração e promoção, que sabotam valores ágeis. Mas, no caso específico do desenvolvimento de software, há outros fatores em ação:

- *Arquitetura*. É um dos fatores mais importantes. Embora o desenvolvimento ágil de software dê resultados melhores do que métodos tradicionais (independentemente da arquitetura), sistemas monolíticos podem comprometer muito esse ganho. Se

problemas de arquitetura não forem resolvidos, os resultados da agilidade vão continuar parecendo insatisfatórios.
- *Especialização excessiva.* Engenheiros de software costumam ser altamente especializados. Em geral, recomendamos que times ágeis se concentrem em solucionar problemas de clientes e, se possível, que se mantenham juntos por meses, até anos. Só que tecnologias heterogêneas acabam variando as habilidades necessárias de um time para trabalhar no backlog complexo. Se engenheiros forem especializados demais, o resultado serão times grandes demais ou que exigem a troca constante de membros.
- *Silos departamentais.* Normalmente, há unidades separadas de TI para cada tarefa distinta: desenvolvimento de software, manutenção de sistemas, suporte, operações de TI e segurança de informações. Em certos setores, há ainda mais unidades, como o jurídico ou o compliance. Cada um desses grupos trabalha em seu próprio silo e é responsável por diferentes objetivos. Em geral, estão em conflito uns com os outros, tornando lentíssimo o progresso. Na organização de tecnologia ágil, todas as funções são executadas por times ágeis heterogêneos.

No caso de produtos puramente digitais, onde por definição não há trabalho físico envolvido e cujos processos são totalmente codificados em software, o time ágil pode ter uma responsabilidade completa (de ponta a ponta) pelo produto. Na prática, esses times combinam inovação e operações. Como não é preciso recapacitar ninguém para a adoção de mudanças no processo, a inovação em produtos digitais pode ser mais rápida. Isso ajuda a explicar por que práticas ágeis são tão comuns em nativas digitais como Google, Facebook, Twitter e Spotify. Mas os benefícios do desenvolvimento ágil de software são igualmente interessantes para empresas de outra natureza. Migrar de métodos tradicionais para times ágeis maduros pode elevar em até três vezes ou mais o ganho em produtividade e em velocidade de chegada ao mercado. Esses ganhos podem ser atribuídos a uma série de coisas boas – incluindo a queda no tempo de espera por decisões e aprovações de desenho; menos esforço gasto na criação de "business case" tradicionais e espera menor por verba; automação de tarefas ligadas à TI (como testes funcionais e de segurança); automação de tarefas até então executadas por outras unidades (como estabelecimento do ambiente de desenvolvimento) e alinhamento de incentivos graças à responsabilidade pelo ciclo de vida do produto do começo ao fim. E, claro, ainda mais importante do que esses benefícios é o fato de que times ágeis criam as funcionalidades que mais importam para os clientes e para a empresa. Em geral, não perdem tempo criando coisas que o cliente não valoriza.

Um exemplo de solução puramente digital para o cliente é o Home Agent do RBS, um produto chave para a estratégia do banco de dar suporte ao cliente não só no financiamento do imóvel, mas na compra e na manutenção. O Home Agent permite ao cliente obter assistência pelo telefone em uma série de atividades ligadas ao imóvel, incluindo definição do orçamento e escolha do bem, financiamento e refinanciamento do imóvel, planejamento e custeio de reformas e monitoramento do valor do imóvel. Graças ao uso de times ágeis que reuniam todas as habilidades necessárias ligadas a insights de clientes, desenvolvimento de software e parcerias com terceiros, o RBS conseguiu desenvolver e lançar a primeira versão do Home Agent em quatro meses. Entregar ao cliente uma solução dessa complexidade e qualidade teria levado pelo menos o triplo do tempo com métodos anteriores – isso se pudesse ter sido criada para começo de conversa.

O desenvolvimento de software é uma atividade desafiadora, e, para colher os benefícios da agilidade, organizações tradicionais como o RBS precisam fazer uma série de mudanças que vão além dos princípios e práticas aqui descritas para outras finalidades. Uma exposição exaustiva dos requisitos para o desenvolvimento ágil de software foge ao escopo deste livro, embora alguns tenham sido mencionados anteriormente ou estejam listados aqui. É possível encontrar outros – e uma explicação mais completa de todos – no endereço bain.com/doing-agile-right. Isso inclui:

- Arquitetura modular, para que cada time ágil minimize interdependências com outros times ao escrever código.
- Evolução de práticas de engenharia e de talentos técnicos, o que em geral exige capacitação técnica extensa e coaching do pessoal na linha de frente e de líderes, além de contratação seletiva para dar robustez ao grupo atual de talentos (e às vezes substituí-los).
- Backlogs convergentes, com cada time ágil responsável pelo desenvolvimento, manutenção e suporte do software ligado a seu produto. Essa responsabilidade completa, de ponta a ponta, produz um senso de "ownership" maior e é mais eficiente do que dividir essas três atividades entre dois ou três grupos diferentes.
- "DevSecOps", ferramentas e práticas que permitem a times ágeis de desenvolvimento de software executar a maior parte do trabalho para levar o software do desenvolvimento à produção com rapidez e segurança.
- Novos modelos de prestação de serviços de TI, em geral envolvendo migração de entregáveis fixos para capacidade fixa (em times ágeis), bem como o compromisso de diminuir a rotatividade entre integrantes do time.
- Revisão da estratégia de localização do time, para permitir mais gente trabalhando no mesmo local físico e o reforço de talentos.
- Adaptação de funções de suporte e controle para que cumpram sua missão, permitindo que os times ágeis de desenvolvimento trabalhem no ritmo desejado. Uma saída é mudar a orientação dessas funções, que em vez de corrigir o produto do trabalho do

time após sua execução (como é feito hoje) passariam a orientar os times ágeis para o desenvolvimento, desde o início, de produtos em conformidade com normas.

O desenvolvimento de software é particularmente compatível com um requisito fundamental da implementação do ágil em escala: a divisão de tarefas grandes em módulos menores e, depois, a reintegração perfeita desses fluxos de trabalho. A Amazon pode lançar ajustes em softwares milhares de vezes por dia porque sua arquitetura de TI foi projetada para ajudar desenvolvedores a fazer releases rápidos e frequentes sem comprometer os complexos sistemas da empresa. Já muitas outras empresas de grande porte estão limitadas por arquiteturas inflexíveis: por mais rápidas que sejam para escrever código, conseguem lançar ajustes só poucas vezes por semana ou mês.

Chegar a uma arquitetura modular como a da Amazon pode parecer uma missão impossível para muitas empresas de grande porte que dependem de sistemas legados monolíticos. Mas é possível, sim – se aplicados os mesmos princípios ágeis focados no cliente que discutimos ao longo deste livro. Modernizar em pequenas etapas, sequenciar essas etapas com base nos benefícios trazidos ao cliente e adotar métodos do desenvolvimento ágil de software descritos neste capítulo tornarão a jornada mais rápida, mais barata e menos arriscada.

Guerras da agilidade

Uma última observação na questão da tecnologia: há dezenas de métodos ágeis, cada qual com seus fiéis seguidores. O problema é que, quando distintas tribos de uma mesma empresa passam muito tempo praticando uma determinada religião ágil, fica mais difícil congregar todas elas. Cada tribo adquire hábitos próprios. Cada tribo critica o framework das demais e exagera os benefícios de seu modelo. Esse processo não só traz confusão, como também gera animosidade entre colegas que deveriam estar criando sistemas de negócios equilibrados e harmonizados. Esse debate pega fogo para valer entre adeptos dos métodos ágil, lean e de gestão de produtos. Vimos discussões ferozes quase terminarem aos tapas. Sabemos que quem tenta apartar uma briga sempre acaba saindo machucado, mas alguém precisa tentar trazer alguma sanidade a esse caos. Vamos lá, então.

O "lean" é fonte de considerável confusão, pois as pessoas aplicam o termo a duas abordagens muito distintas: sistemas de produção enxuta (também conhecidos como Lean Six Sigma) e desenvolvimento de produtos enxuto (também conhecido como lean startup).

Sistemas de produção enxuta são ferramentas para tocar o negócio e aumentar a qualidade e a eficiência das operações. Aumentam a conformidade com especificações, minimizando a variabilidade e reduzindo desperdícios. No Lean Six Sigma, casos de não conformidade não podem passar de 3,4 por milhão. O método aumenta a eficiência ao reduzir continuamente oito fontes de desperdício (defeitos, excesso de produção, espera, talento não utilizado, transporte, estoques, movimentação e processamento adicional).[4] Quando o assunto é melhorar operações, recomendamos muito os métodos da produção enxuta. Já para gerenciar a inovação, não. Na hora de inovar é preciso variabilidade – e até certa ineficiência – para testar, aprender e evoluir. Há fanáticos do lean que seguem indicando o Six Sigma para a inovação, embora estudos mostrem que, quanto maior a capacidade de uma cultura de eliminar a variabilidade, pior sua capacidade de inovar.[5]

Lean startup e gestão de produtos são, ambos, métodos para a inovação ágil. O lean startup é famoso por ter sido adotado de forma ampla e altamente divulgada pela GE.[6] O método combina princípios enxutos ("lean") com design thinking e abordagens ágeis para promover a inovação contínua como fazem startups de sucesso.[7] Já a gestão de produtos incentiva desenvolvedores de tecnologia a pensar em si mesmos como gerentes de produto ou marca responsáveis pela concepção de produtos rentáveis que solucionem fontes importantes de frustração de clientes – e não só pela gestão de projetos que entreguem funcionalidades preestabelecidas. Se isso soa como outras abordagens ágeis, é porque é bem parecido. Duas diferenças consideráveis, no entanto, merecem destaque. Primeiro, enquanto o ágil emprega a mesma abordagem em toda atividade de inovação, a gestão de produtos se concentra em produtos de caráter tecnológico. Segundo, adeptos da gestão de produtos argumentam (com certa razão) que em muitos times ágeis o product owner se resume a gerenciar backlogs e não age como um verdadeiro CEO. Não assume total responsabilidade pelos resultados do produto que o time desenvolve. Não entende o contexto geral do mercado, as verdadeiras necessidades dos clientes, a posição dos concorrentes ou as implicações financeiras de trade-offs complicados. E não cria times perenes para criar e escalar soluções rentáveis.[8]

Essas diferenças podem parecer irrelevantes e talvez até contribuir para a filosofia ágil. Mas o fato é que podem gerar uma quantidade incrível de confusão, conflito e ineficiência. Há quem diga que toda equipe de gestão de produtos deveria ser perene e que uma empresa jamais deveria criar times temporários para resolver problemas urgentes, de curto prazo. Certas organizações estão adicionando uma nova camada de gerentes de produtos estratégicos para supervisionar product owners de times ágeis – em vez de esclarecer e atualizar a função desses POs. Fanáticos às vezes argumentam que times de gestão de produtos servem apenas para iniciativas ligadas a tecnologia, impondo cargos, vocabulários e programas de treinamento separados para inovações de caráter tecnológico e inovações de outra natureza. Na nossa experiência, a harmonização dos métodos ágeis e de gestão de produtos para criar abordagens unificadas que possam ser customizadas para a cultura da empresa e compartilhadas por toda a organização produz resultados muito melhores do que promover essa divergência.

***

Bons processos e tecnologias são fundamentais para a criação de soluções com boa relação custo-benefício que sejam valorizadas pelos clientes. Além disso, tecnologias disponíveis para automatizar e melhorar processos, como automação robótica de processos e machine learning, vêm crescendo a um ritmo acelerado – embora sua adoção em muitas organizações ainda seja lenta. As técnicas descritas neste capítulo provavelmente ajudarão empresas a superar esses obstáculos.

Cinco principais aprendizados

1. A agilidade é voltada à inovação, mas inovar é mais do que criar novos produtos e serviços para clientes. Métodos ágeis são igualmente bons para melhorar processos utilizados pela empresa para produzir tais produtos e serviços – e para aprimorar a tecnologia que viabiliza esses processos.
2. Uma vez que confiabilidade e eficiência são muito importantes para processos e tecnologias da empresa, a burocracia faz de tudo para minimizar a variabilidade e a mudança. Abordagens ágeis também incentivam uma adesão estrita a procedimentos operacionais padronizados, mas estão sempre inovando para melhorar esses procedimentos. E, isso feito, garantem que novos procedimentos sejam aceitos, incorporados ao treinamento e executados adequadamente.
3. Times ágeis perenes e multidisciplinares são a melhor forma de melhorar processos de negócios e tecnologias. À medida que um time vai ganhando experiência e a confiança da área de operações, suas capacidades de desenvolvimento melhoram e a taxa de adoção acelera.
4. Times ágeis que trabalham com processos de negócios e tecnologia são tão obcecados pelo cliente quanto times que desenvolvem produtos e serviços dirigidos ao usuário final. Às vezes, suas inovações melhoram diretamente a experiência desse usuário. Em outras, seus clientes são clientes internos cujo desempenho é vital para melhorar a experiência do consumidor final.

5. Muitas empresas têm um número elevado de times ágeis de tecnologia, mas poucas têm organizações de tecnologia ágeis. As razões são várias e incluem muitas práticas ineficazes que podem obstruir qualquer time ágil – e outras específicas da área de software. Para superar esses entraves, é preciso tornar a arquitetura mais modular, ajudar engenheiros a ser mais versáteis e romper silos funcionais dentro e fora do departamento de TI.

8
Ágil do jeito certo

Quando decidimos escrever este livro, perguntamos entre nós o que esperávamos que o leitor passasse a fazer diferente depois da leitura. Que problema do cliente estávamos buscando resolver? Afinal, o mercado está cheio de livros, artigos e blogs sobre o ágil. Por que o mundo precisaria de outra obra a respeito?

A resposta era fácil. Queremos sinceramente que o ágil se torne uma ferramenta valiosa e prática – e não outra febre passageira. Acreditamos que mentalidades e métodos ágeis podem trazer muito mais satisfação e sucesso a quem trabalha em organizações. Queremos que, daqui a cinco ou dez anos, nossos leitores relembrem a transição para o ágil em suas empresas com uma sensação de orgulho e satisfação, e não com decepção e remorso. Nossa preocupação é que o mau uso do ágil impulsionado pela moda prejudique a compreensão da ideia toda. Se, na tentativa de corrigir algum desequilíbrio, os fanáticos fizerem a balança pender totalmente para o outro lado – ou se os autoritários usarem a ideia como argumento para fazer as pessoas obedecerem a ordens mais rapidamente –, a abordagem ágil irá parar rapidinho na já citada lata de lixo da gestão, onde fará companhia a velhos modismos como círculos de qualidade e reengenharia de processos.

E essa lixeira está cheia. Nos últimos 27 anos, nossa consultoria entrevistou quase 15 mil executivos em mais de 70 países para entender a real situação de uma série de ferramentas de gestão. É, provavelmente, a maior e mais longa sondagem do mundo sobre o tema – e, com ela, pudemos monitorar a popularidade e a eficácia de dezenas dessas ferramentas ao longo do tempo. Vimos ideias como gestão do conhecimento, círculos de qualidade, reengenharia de processos e Lean Six Sigma subitamente ganharem popularidade – para depois caírem em desuso. Isso ocorre mais comumente quando a ferramenta é muito referenciada e aplicada a problemas os quais ela nunca foi feita para resolver. Nesses casos, o uso cresce mais rápido do que a satisfação, como em um velho comercial de cigarro que perguntava se a pessoa estava "fumando mais e tendo menos prazer". A certa altura, os gestores percebem que a moda não resolve tudo, que na verdade levou todos a negligenciar outros aspectos do negócio e que analistas já estão começando a ridicularizar aqueles que ingenuamente sucumbiram à febre. Nesse ponto, o uso cai rapidamente.

A obsessão da Bain por entender a real situação de ferramentas foi particularmente útil no caso do ágil. Estudos listados no Apêndice C – bem como nossa experiência com clientes – apoiam a tese de que o ágil não é mero modismo. Em uma ação conjunta com colegas, criamos a Agile Enterprise Exchange, a fim de ajudar executivos a discutir com franqueza suas próprias experiências na área. Sob o princípio do anonimato da Chatham House Rule, um grupo de mais de 40 executivos seniores de um variado conjunto de indústrias, geografias e negócios se dispôs a se reunir em intervalos regulares, manter contato constante e trocar ideias livremente sobre suas vitórias e desafios[1] – um intercâmbio que está ajudando o ágil a se tornar uma tendência valiosa e sustentável. Este capítulo é baseado, em grande medida, na sabedoria coletiva desse grupo. Somos imensamente gratos a seus integrantes pelo apoio generoso que estão dando, dentro e fora do grupo, para que o ágil seja feito do jeito certo.

Algumas orientações para evitar os modismos – e para fazer o ágil do jeito certo – são simples, óbvias e foram repetidas por nós ao longo do livro. A mudança não devia gerar medo, por exemplo. Diferentemente do que pensa muita gente, as pessoas não temem a mudança de modo geral. Muitos de nós adoramos viajar, provar produtos de beleza diferentes, ver filmes novos e coisas assim. O que temermos é a perda. Como demonstrou o psicólogo Daniel Kahneman, o medo de perder tem o dobro da força psicológica da esperança de ganhar. Uma transição para o ágil não deveria despertar o medo da perda do controle sobre as operações, da perda de expertise funcional ou da perda de formas atuais de trabalhar antes do aprendizado de que novas formas são melhores. Você pode evitar esse medo com genuína colaboração e com prototipagem, teste e adaptação iterativos das mudanças propostas, sempre em condições operacionais reais.

Lembre-se, também, de que o ágil é uma ferramenta, não uma estratégia. Uma motosserra é uma ferramenta espetacular para remover galhos enroscados na fiação elétrica ou preparar madeira para a construção de uma casa. Mas empresa nenhuma precisa de uma estratégia-motosserra ou de um diretor-motosserra. E a motosserra não é o melhor instrumento para picar um tomate ou fazer uma cirurgia cardíaca. Fazer o ágil do jeito certo significa utilizá-lo como ferramenta a serviço de uma estratégia para melhorar o desempenho da empresa. Significa, também, usar a ferramenta somente onde for apropriado. Michael Porter disse, com toda a razão, que a essência da estratégia é decidir o que não fazer. Acreditamos, igualmente, que fazer o ágil do jeito certo significa decidir onde não usá-lo. Os métodos ágeis são desenhados para criar soluções inovadoras onde o que entregar e como entregar são algo vago e imprevisível. Não é a melhor maneira de administrar operações rotineiras que exigem estrita adesão a procedimentos padronizados.

Também queremos repetir, uma vez mais, que o ágil não é feito para cortes abruptos de custos. Processos de trabalho inovadores acabam permitindo que as pessoas façam mais com menos recursos. Mas o ágil não é um método bom para eliminar às pressas 30% do pessoal. Às vezes até é vendido como tal, pois quem vive de modismos sabe que burocratas adoram uma ferramenta de redução de custos – sobretudo se a ferramenta promete gerar crescimento e ocultar erros passados da gestão. Mas esperamos sinceramente jamais ouvir algo como: "Éramos uma empresa de cascalho, estamos nos transformando em uma empresa de tecnologia, e, como o crescimento está acelerando com o uso de métodos ágeis, a saída é demitir 30% de nossos formidáveis colaboradores".

Observando diretrizes simples como essas, a jornada pode ser iniciada de forma produtiva. Mas seguir no caminho certo exige mais do que se desviar dos buracos óbvios. Uma jornada ágil é como uma prova de triatlo: pode ser longa e, às vezes, árdua. No restante deste capítulo, portanto, faremos duas coisas. Uma é conferir a experiência de uma empresa – a Amazon – que criou e sustentou ao longo de anos uma versão própria do ágil notavelmente bem-sucedida. É uma história inspiradora, e não porque a Amazon seja um ideal a ser imitado – o leitor ou leitora já sabem o que achamos de copiar –, mas porque a empresa conseguiu se manter extraordinariamente inovadora por um longo período em uma multiplicidade de negócios, e vale a pena saber como isso se deu. O outro objetivo deste capítulo é extrair de nossa própria pesquisa e experiência algumas regrinhas para o caminho rumo ao ágil. Essas regras vão não só ajudar a evitar tropeços: vão ajudá-lo a chegar a seu destino.

Ágil na Amazon

Se o propósito de escalar o ágil é criar e sustentar resultados superiores – ao operar a empresa de modo confiável e eficiente, adaptá-la para capitalizar oportunidades inesperadas e harmonizar o sistema em todas essas atividades –, fica difícil escrever um livro sobre o assunto sem examinar a jornada da Amazon. O sistema da Amazon foi sendo desenvolvido ao longo do tempo. Até certo ponto, foi inventado ali dentro, embora Jeff Bezos, seu CEO, seja famoso por adotar ideias boas, não importa de onde venham. O sistema é confuso e, para um purista, não pareceria perfeito. Mas funciona – e é instrutivo. É também um forte argumento contra quem diz que o ágil não passa de uma moda passageira.

Como todos sabem, a Amazon é um fenômeno de mercado. Quem tivesse investido 1.000 dólares na empresa logo após o IPO teria 1,35 milhão de dólares em meados de 2019. A empresa tem sido referenciada como a mais inovadora, a mais admirada, e por aí vai. Frequentemente lidera o Índice de Satisfação do Cliente Americano na categoria varejo on-line. É um prodígio da inovação que atua de forma integrada, acrescentando novos canais, novas geografias, novas categorias e novos negócios. Tudo isso, obviamente, deixa executivos céticos quanto a seu valor como um exemplo. Às vezes, ouvimos o seguinte de clientes: "Quem não conhece a história da Amazon? Eles nasceram ágeis. Todo dia sai alguma notícia sobre como eles pensam a longo prazo, correm grandes riscos e aniquilam ou compram seus concorrentes. Estou farto de ouvir falar da Amazon. Temos de operar no mundo real. Temos de ganhar dinheiro e pagar impostos. Não podemos contratar o pessoal que eles contratam. Não temos a mesma tecnologia e obviamente não temos o CEO deles".

Não estamos sugerindo que alguém deveria copiar e colar a estratégia da Amazon. Tampouco que outras empresas tentem enxertar elementos isolados do modelo da Amazon em seu próprio sistema. E, com certeza, não estamos sugerindo que a Amazon seja uma empresa perfeita, a ser imitada em todos os aspectos. Aliás, é isso que a torna um exemplo tão inspirador.

Vejamos tudo o que se diz de negativo. A cultura da Amazon não provê a segurança psicológica que o Google e outros adeptos da agilidade recomendam. A cultura ali dentro é descrita pelos funcionários como "confrontadora", "intelectualmente intimidadora", "combativa", "briguenta" e "darwiniana". O uso do sistema de classificação individual e a demissão de bons funcionários na cauda do quadrante inferior de uma curva forçada é emocionalmente desgastante. As pessoas trabalham muito na Amazon. Achar um equilíbrio sustentável entre trabalho e vida pessoal pode ser difícil. A Amazon não fala de um propósito social maior, o que especialistas julgam ser crucial para a motivação; aliás, é muito criticada pelo modo como trata o pessoal que ganha menos e pela mão pesada no trato com governos mundo afora em temas como tributação e incentivos para que a empresa se instale no lugar. Internamente, conseguir verba para ideias fora do ciclo é mais difícil do que deveria ser em uma empresa ágil. Jeff Bezos e outros executivos às vezes exercem uma microgestão exigentíssima. Datas de lançamento de produtos e funcionalidades exigidas são mais inflexíveis do que o normalmente recomendado por adeptos do ágil. Alguns colaboradores dizem que trabalhar em iniciativas que falham não é tão divertido quanto Bezos dá a entender a quem é de fora.

Qualquer desvantagem dessas pode, em tese, inibir a agilidade. Juntas, podem ser incapacitantes. Apesar disso, o sistema ágil da Amazon segue a todo vapor. Como pode ser? As pessoas com quem falamos – e temos a sorte de manter relações próximas com muitos executivos que trabalharam em todos os níveis da Amazon ao longo dos anos – descrevem um sistema equilibrado de prós e contras que evoluiu ao longo do tempo e funciona de um jeito único na Amazon. O segredo é o sistema, não os indivíduos. Na Amazon, há um entra e sai constante de milhares de colaboradores – que podem ser contratados por outras empresas. As pessoas da Amazon não são nem semideuses nem demônios. São pessoas reais que produzem resultados extraordinários no sistema da Amazon.

Jason Goldberger é um deles. Goldberger entrou na Amazon como comprador sênior em 1999 – seis anos depois de sair da faculdade e dois anos após a abertura do capital da empresa. Nos oito anos seguintes, passou a gerente de mercadoria de divisão, gerente sênior de categoria e, no final, gerente geral. Viveu a crise das pontocom de 2000 a 2002, quando a cotação das ações da Amazon despencou 95%. Participou também da evolução do sistema ágil exclusivo da empresa – sistema que ajudou a Amazon a se reerguer no tempo em que esteve lá, elevando o faturamento de 2 bilhões de dólares para 15 bilhões de dólares, o total de funcionários de 7.600 para 17.000 e a cotação das ações em 1.300% em relação à mínima registrada em 2001.

Assim como outros observadores e participantes, o que mais impressionava Goldberger no sistema da Amazon era a obsessão pelo cliente. Como tinha trabalhado em outras varejistas – Federated Department Stores, QVC e Linens 'n Things –, Goldberger sabia o que termos como "customer centricity" deveriam significar. Mas na Amazon era diferente. A empresa era louca, fanática, maluca pelo cliente. Era comum executivos despertarem engenheiros de software de madrugada para resolver problemas de clientes. Não pensavam duas vezes antes de sacrificar o lucro a curto prazo pelo objetivo de longo prazo de encantar o cliente. A Amazon monitora cerca de 500 métricas, e quase 80% delas estão ligadas ao consumidor. Em reuniões, Bezos frequentemente deixa um assento desocupado na mesa para "a pessoa mais importante na sala".[2]

Todo executivo da Amazon que conhecemos afirma, como Goldberger, que a Amazon leva a sério a missão de ser a "empresa mais centrada no cliente do planeta" – muito mais do que outras empresas imaginam. Para reforçar essa obsessão, foi instituído um forte conjunto de princípios operacionais,[3] incluindo "ownership" (pensar a longo prazo, com a empresa toda em mente); inventar e simplificar (buscar novas ideias por toda parte); acertar com frequência (usar perspectivas diversas para poder julgar bem); aprender e ter curiosidade (melhorar constantemente); contratar e desenvolver os melhores (aumentar a expectativa de desempenho a cada contratação e promoção); insistir em padrões elevados (ainda que outros achem ser excessivamente altos);

pensar grande (comunicar uma direção ousada); ter um viés de ação (velocidade importa); ser econômico (fazer mais com menos); ganhar a confiança alheia (ter capacidade de autocrítica); ser profundo (não perder de vista os detalhes); ter firmeza (questionar com respeito e evitar ser condescendente); e entregar resultados (nunca se acomodar).[4] A maioria das empresas tem princípios que não passam de chavões, e muitos dos funcionários logo percebem que não significam nada. Os executivos com quem falamos dizem que na Amazon é diferente. Lá, os princípios são os critérios usados pela Amazon para contratar quem vai criar e para nortear como podem criar. São eles que direcionam o modo como a empresa toca os negócios. Amados ou odiados, são eles que ditarão sua vida ou a sua morte na Amazon.

Uma obsessão genuína com o cliente é uma base sólida para a agilidade. Mas, por si só, não basta para construir uma empresa ágil. É preciso também capacidades fortes.

Goldberger, por exemplo, era da área de compras. Não demorou, no entanto, para aprender que não conseguiria atender o cliente como a Amazon esperava se não soubesse muito mais sobre tecnologia e cadeias de suprimento. O que fez, então, foi trabalhar lado a lado com especialistas em operações. Quando não dominava plenamente um assunto, ia estudar. Passou a entender e valorizar funções que pareciam fora de sua alçada em empregos anteriores. Segundo ele, é comum a pessoa viver esse processo de aprendizado na Amazon.

Por volta de 2000, quando a Amazon tinha 9 mil funcionários, Goldberger notou que a empresa começou a pensar suas capacidades tecnológicas de outro jeito. Começou a desmembrar grandes sistemas monolíticos em módulos de serviço menores, chamados de microsserviços. Cada microsserviço seria construído como um subsistema independente, flexível, reutilizável e substituível que se comunicaria com outros microsserviços por meio de interfaces padronizadas, as chamadas APIs ("application programming interfaces"). Essa abordagem aumentou a eficiência. Com a criação de pequenos módulos, era mais rápido e fácil para times autônomos desenvolver, testar, implantar e escalar seus serviços. Além disso, aumentou a capacidade da Amazon de identificar, interromper e substituir rapidamente qualquer microsserviço que não estivesse funcionando devidamente. Os microsserviços eram um contrapeso ao "cada um por si" que podia ter dificultado a colaboração – e tornaram muito menos arriscadas a colaboração e a experimentação entre áreas da organização.

Essa arquitetura orientada a serviços foi, e ainda é, um elemento chave do sistema ágil da Amazon. "A maioria das pessoas acha que o maior valor de uma arquitetura orientada a serviços está em permitir o lançamento de inovações mais depressa", disse Goldberger.

> Sim, essa é uma vantagem. Mas outra é permitir a interrupção mais rápida de inovações inefetivas. Pedir às pessoas para inovar sem cometer erros é matar a inovação. Já orientá-las a inovar sem se preocupar com erros rapidamente reversíveis é dar liberdade para que testem e aprendam de modo mais ágil. Jeff [Bezos] fala de uma porta de mão dupla, pela qual sempre se pode voltar caso não goste do que vê do outro lado. A arquitetura orientada a serviços criou milhares de portas de mão dupla.

Um dos primeiros resultados dessa filosofia de arquitetura foi o Amazon Marketplace, uma plataforma que permite à Amazon vender artigos de terceiros em seu site. A Amazon tinha feito duas tentativas anteriores de criar uma alternativa competitiva à eBay: Amazon Auctions e zShops. Ambas naufragaram. Com a arquitetura orientada a serviços, a Amazon conseguiu criar páginas de detalhes únicas que integram perfeitamente a oferta de vendedores de fora da empresa à experiência de consumo na Amazon. Uma ideia copiada agora virava uma solução superior. Hoje, mais de 5 milhões de terceiros vendem no marketplace da Amazon; do total de unidades que a plataforma vende no varejo, respondem por 53%.

Essa mesma filosofia levou à criação da Amazon Web Services. Em 2003, dois integrantes do time de engenharia de websites, Benjamin Black e Chris Pinkham, começaram a buscar maneiras de expandir a infraestrutura de tecnologia da Amazon com mais rapidez e eficiência para acompanhar o vertiginoso crescimento da empresa. Eles descreveram a arquitetura na nuvem e analisaram o potencial da venda de servidores virtuais como um serviço. Embora o Conselho da Amazon temesse que a ideia se desviasse muito do conceito central de varejo da empresa, Bezos gostou do fato de que poderia ajudar qualquer pessoa – incluindo universitários em alojamentos – a abrir um negócio. A Amazon relançou oficialmente a Amazon Web Services em 2006 – que, de lá para cá, virou um novo motor estratégico para a empresa, contribuindo muito para a expansão da receita e do lucro e provendo avanços importantes na computação na nuvem para o mundo.

Embora valores e princípios do empreendedorismo permeassem a Amazon inteira, por um bom tempo sua estrutura organizacional continuou muito parecida à da maioria das empresas. No começo de 2002, Bezos decidiu mudar isso. Propôs formalmente a escalada de times ágeis, embora chamasse essas equipes de "duas pizzas" e fosse totalmente indiferente aos métodos ou frameworks específicos que usavam. Sua ideia era reestruturar a empresa toda em torno de times pequenos e autônomos que lidariam continuamente com os maiores problemas de um jeito mais ágil. Cada equipe teria no máximo dez pessoas: ou seja, pequena o bastante para ser alimentada com duas pizzas se seus integrantes tivessem de trabalhar até altas horas. Esses times poderiam competir entre si. Cada um criaria uma certa "fitness function": uma equação que ajudaria não só o time, mas outros (especialmente Bezos), a avaliar seu progresso.

Goldberger lembra como as pessoas ficavam ansiosas para trabalhar nos times de duas pizzas. "Os times das pizzas são brilhantes. Eliminam a hierarquia desnecessária e deixam aqueles que estão mais próximos do trabalho colaborarem diretamente entre si e com clientes.

A maioria do pessoal que eu conhecia queria provar a ideia. E, se provava, seu nome no diretório on-line [da empresa] vinha acompanhado do ícone de uma pizza, o que era como uma medalha de honra."

A ideia dos times de duas pizzas decolou em departamentos inovadores como o de tecnologia, mas não em operações rotineiras como a contabilidade. As métricas "fitness functions" nunca ganharam muita tração e foram basicamente ignoradas. A Amazon acabou não reestruturando a empresa toda em torno de times de duas pizzas, mas eles viraram o principal mecanismo para trabalhar em ideias inovadoras. Há milhares deles na Amazon e já estão incorporados à cultura.

Em 2004, uma década depois de ser fundada, a Amazon também mudou a abordagem em relação ao financiamento de iniciativas inovadoras e à discussão de propostas. Hoje, todo plano e toda proposta – principalmente os de times de duas pizzas – começam com um memorando de seis páginas. Esse documento se inicia com uma espécie de comunicado de imprensa visionário, de uma ou duas páginas, explicando os benefícios que a iniciativa traria para os clientes. A exemplo das histórias do usuário em qualquer backlog ágil, esses comunicados de imprensa descrevem o cliente-alvo, que benefícios ele busca, os problemas que teve com soluções anteriores e as vantagens da nova abordagem da Amazon. A proposta também traz pelo menos quatro ou cinco páginas com as perguntas mais frequentes (FAQ) sobre a inovação, partindo das perguntas mais difíceis. Em geral, o documento contém ilustrações, gráficos ou imagens retratando clientes usando a solução. Embora no começo as propostas tenham sido chamadas de "memorando de seis páginas", muitos executivos hoje preferem o termo "PR/FAQs", e muitas têm 15 páginas ou mais.

Goldberger ainda lembra da primeira proposta de seis páginas que fez. Tinha preparado uma apresentação em PowerPoint, mas soube uma semana antes que teria de ser um memorando de seis páginas. "A discussão foi bem dura e difícil", conta. "É meio estranho ficar lá sentado durante 30, 60 minutos, enquanto todo mundo lê o documento.

E aí começam a vir perguntas, aleatoriamente. Se você não domina o assunto, é exposto em minutos. O Bezos desmonta uma resposta pronta em um segundo. Você tinha de ser um especialista, não só um bom apresentador." Mas o melhor do memorando de seis páginas, para Goldberger, era que ele reforçava a missão da Amazon sobre o foco no cliente. "O que lembro é como [o memorando] me fazia sentir", contou. "Era algo que fazia todos nós pensarmos no que realmente estávamos tentando fazer. Trabalhar com o cliente como ponto de partida obriga você a encarar toda atividade como um serviço ao cliente. E como muitas das propostas estão focadas em melhorar processos de negócios e tecnologia internos, você passa a pensar em todo mundo com quem trabalha como cliente. Eu sentia que tinha uma verdadeira responsabilidade para com eles e adquiri um compromisso profundo com isto."

Há outros executivos que concordam com Goldberger, incluindo Nadia Shouraboura, que teve um cargo executivo na Amazon de 2004 a 2012. "Cada peça do sistema da Amazon equilibra e reforça outras peças do sistema", disse.

> O núcleo do sistema é a obsessão pelo cliente. Pode até haver microgestão na Amazon, mas em geral é em nome do cliente. Eu, pessoalmente, prefiro essa paixão à indiferença. Executivos não dizem às pessoas o que fazer. Dizem: "Você é responsável por este cliente xis, e este cliente tem tal problema. O que você está fazendo a respeito disso?". Memorandos de seis páginas garantem recursos para a inovação partindo do ponto de vista do cliente. No tempo que passei na Amazon, redigi centenas de memorandos de seis páginas e li outros milhares. Essas discussões não desperdiçam tempo com aquilo que o apresentador quer dizer. Aproveitam todo minuto possível para reinventar a experiência do cliente. Então, times de duas pizzas se concentram em como desenvolver soluções criativas para o cliente. Esses times são autossuficientes, totalmente compro-

metidos e empoderados. Todo time é o que a Amazon chama de "single-threaded", ou seja, não faz paralelismo de atividades. Um time, um problema. Arquiteturas orientadas a serviços viabilizam que esses times possam coletar dados de clientes de qualquer lugar e testar soluções em qualquer lugar, sem esperar aprovações da hierarquia. O sistema atua para que todos sejam melhores.

A Amazon continua a expandir e a aprimorar ferramentas para escalar e aumentar a agilidade. Isso vai garantir o sucesso no futuro? Bezos não sabe – e nós tampouco. Em novembro de 2018, ele disse o seguinte à equipe: "A Amazon não é grande demais para quebrar. Aliás, posso prever que um dia a Amazon vai quebrar, que a Amazon vai falir. Se pegarmos empresas grandes, veremos que tendem a durar por volta de 30 anos, e não 100". O segredo para adiar esse fim é a atenção obsessiva com o cliente e evitar olhar para o próprio umbigo. "Se ficarmos pensando em nós mesmos, em vez de pensar no cliente, será o começo do fim. Precisamos fazer de tudo para retardar ao máximo esse dia."[5]

Os perigos de um sistema complexo são reais, até para a Amazon. Mudanças regulatórias poderiam rachar a empresa. O crescimento poderia ser reduzido, o que afetaria o valor de mercado e a remuneração de astros da casa. A microgestão e a burocracia poderiam aumentar, asfixiando a inovação. Quedas recentes na satisfação do cliente poderiam virar tendências de longo prazo. Mas, até onde sabemos, há poucas empresas tão empenhadas quanto a Amazon em equilibrar e harmonizar continuamente seu sistema para poder se adaptar à imprevisibilidade do mercado.

As regras do caminho ágil

A maioria das empresas que obtêm sucesso com o ágil, incluindo a Amazon e outras citadas neste livro, parece desenvolver um conjunto de competências bem pouco comuns. Essas competências permitem que implementem o ágil sem cair em armadilhas ou modas pregadas por pseudoagilistas. Quatro dessas capacidades são particularmente importantes – tanto que, a nosso ver, deveriam ser vistas como as regras do caminho ágil, ou seja, as habilidades e os atributos que levarão sua organização ao destino desejado.

1. Aprenda a gostar de times ágeis – e então crie o seu

Se você não conseguir ser minimamente ágil, não há como pensar em agilidade em escala. Como já dissemos, times ágeis são ferramentas usadas para criar soluções inovadoras quando o que entregar, como entregar ou ambas as coisas são vagas e difíceis de prever. O grande propósito dessas equipes é transformar a empresa por meio da inovação – criando novos produtos, serviços ou experiências para o cliente (no caso de clientes externos), aprimorando processos para ajudar a área de operações a levar soluções a esses clientes externos ou modernizando a tecnologia na base desses processos. Os times são o coração do ágil.

Quem patrocina ou faz parte de times ágeis não deve apenas conhecer práticas ágeis; precisa também entender por que um time faz tudo aquilo que faz. Times se governam sozinhos porque a autonomia traz mais motivação, deixa as decisões nas mãos de quem está mais próximo dos clientes e das operações e dá a líderes tempo para se concentrar em coisas que só eles podem fazer – como cuidar da estratégia da empresa. Times são pequenos e multidisciplinares porque o porte reduzido melhora a comunicação e a produtividade – e porque incluir uma diversidade de disciplinas aumenta a criatividade, reduz interdependências com outras equipes e acelera a tomada de decisões. Times são dedicados a uma única tarefa porque o multitasking emburrece as pessoas, desacelera ciclos de desenvolvimento e aumenta o trabalho em andamento ("work in process"). Um time ágil eficaz não obedece cegamente às regras: sabe por que está fazendo o que está fazendo, busca continuamente maneiras melhores de fazê-lo e compartilha os aprendizados com outros times.

Onde quer que sejam utilizados, times ágeis devem criar resultados irrefutáveis. Resultados espetaculares geram apoio para a expansão da escala e do escopo do ágil. Resultados espetaculares atraem grandes talentos. A entrada dessas pessoas traz mais confiança aos times. Eles aprendem o valor de priorizar, começam a questionar premissas por trás de projeções, pedem feedback diretamente a clientes (em vez de ouvir de gerentes), limitam o trabalho inacabado e aceleram a tomada de decisões. Eles descobrem como eliminar o trabalho de baixo valor e como melhorar continuamente o modo como trabalham. E acabam levando essa confiança de volta a seus departamentos de origem. Times ágeis aprendem a identificar o que impede que sejam velozes e tenham sucesso – impedimentos que a equipe de liderança, por sua vez, aprende a remover. Times ágeis são puxados para as organizações – e não empurrados a elas.

À medida que aprende a gostar de times ágeis, você começa a querer criar seu próprio time, com gente comprometida a trabalhar junto de acordo com princípios ágeis. Se você é um executivo de alto escalão, esse time pode ser sua equipe de liderança executiva ou gerentes seniores da unidade de negócios ou do departamento sob sua liderança. Se é um executivo júnior, pode ser um grupo de pessoas em seu departamento. Talvez seja uma equipe trabalhando atualmente em projetos de inovação de maneiras mais tradicionais. Ou, quem sabe, um grupo de pessoas que fazem algum trabalho similar, mas nunca pensaram em se unir para fazê-lo como um time ágil.

Para começar, peça à sua equipe para ler este livro e conversar sobre o assunto. Debata os conceitos. Junto com os membros do time, estude e veja como testar diferentes aspectos de métodos ágeis. Descubra se há times ágeis eficazes em algum lugar da empresa para poder conversar com eles e observar. Faça perguntas francas a seus integrantes sobre do que gostam e do que não gostam na abordagem ágil.

Pergunte a seu time se gostariam de explorar uma ou duas oportunidades com uma abordagem ágil. Veja se é possível fazer um treinamento juntos para construir uma base comum de conhecimento. Trabalhem juntos para adquirir hábitos ágeis sustentáveis. Escreva uma versão própria, pessoal, de um manifesto ágil.

Quando um de nós (Darrell) começou a estudar os princípios e as práticas ágeis, sua conclusão foi que era preciso colocar em prática o que vinha aprendendo. Para cada valor do manifesto ágil, Darrell escolheu um comportamento simples a mudar e estipulou gatilhos para deflagrar esse comportamento. Por exemplo:

- *Trabalhar de um jeito que traga felicidade e sucesso para as pessoas.* Quando se sentisse estressado, Darrell se propôs a expressar sincero agradecimento pelo trabalho de pelo menos uma pessoa.
- *Quebrar tarefas grandes em pequenos passos e testar soluções com modelos funcionais.* Quando confrontado com uma opinião diferente da sua, Darrell decidiu perguntar: "Como podemos testar isto?".
- *Simplificar e sequenciar atividades para se concentrar nos benefícios que o cliente mais valoriza.* Quando lhe pedissem para fazer algo de pouco ou nenhum valor para o cliente, Darrell se propôs a descrever o que deveria fazer em vez disso e a explicar o valor extraordinário que seria perdido se demorasse a agir.
- *Aceitar e celebrar o aprendizado.* Se constatasse que suas projeções ou opiniões estavam erradas, Darrell prometeu rir desses erros com os outros e mudar a rota.

E o que aconteceu? É ele quem conta:

> A mudança que eu mais gostei foi a primeira. Demonstrar gratidão me deixou mais feliz e melhorou o trabalho em equipe. A mudança mais difícil foi a última. Por mais de um ano, tomei nota de todas as hipóteses e projeções que fiz e verifiquei seu grau de acerto usando

algo chamado "Brier score". Para meu constrangimento, descobri que estava errado muito mais vezes do que achava. Junto com uma forte dose de humildade, veio a constatação de que considerar a opinião dos outros não traria muito mais risco do que apostar só na minha. Também tinha medo de que rir de tantos erros pudesse abalar minha credibilidade. Em vez disso, levou a formas mais colaborativas de formular hipóteses, a resultados melhores e a mais confiança.

À medida que esses comportamentos foram ficando mais fáceis, Darrell começou a acrescentar outros. Estava mais feliz e se sentia mais no controle. Deu um exemplo melhor para seus times e adquiriu hábitos duradouros que impediram a volta de comportamentos burocráticos.

2. Domine o ágil em escala – mas visualize uma empresa ágil

Agilidade em escala, lembremos, significa a vasta proliferação de times ágeis, mesmo quando os princípios ágeis ainda não chegaram ao restante da empresa. Seu benefício mais óbvio é ampliar a qualidade e a quantidade da inovação. Essa proliferação inspira um espírito de teste e aprendizado na empresa, incentivando o pessoal a identificar oportunidades para melhorar em tudo o que faz. Além disso, pode trazer mais inovação sem aumentar custos. Ao fazer um levantamento das atividades de inovação presentes na empresa, os líderes costumam ficar surpresos com a quantidade de projetos em curso, onde esses projetos estão, o que estão fazendo (ou não), quem está trabalhando neles (e no que mais a equipe está trabalhando), a eficácia de sua coordenação e sua capacidade de produzir inovações. Em geral, os executivos constatam que um terço dessas equipes poderia deixar de existir amanhã e ninguém sentiria falta. Suspender definitivamente esses projetos abre espaço e libera recursos para oportunidades mais valiosas. Entre os dois terços restantes, alguns times estarão trabalhando em iniciativas vitais, mas com muita dificuldade e bastante desanimados; estes são bons candidatos a uma reforma do ágil. Às vezes, o líder vai ter de reconfigurar o time para incluir as habilidades e mentalidades certas, mas as melhorias subsequentes em custos e resultados podem criar casos de sucesso espetaculares e embaixadores entusiásticos.

Outro benefício de escalar o ágil pode ser ainda mais importante. A proliferação de equipes mostra às pessoas como times de times podem funcionar inseridos em estruturas burocráticas comuns, como organizações matriciais e hierarquias. Times ágeis multifuncionais são, por definição, organizações matriciais. Desde que os indivíduos a quem os integrantes do time se reportem entendam a mentalidade e os métodos ágeis, a responsabilidade conjunta não prejudica o desempenho. O mesmo vale para hierarquias. Times de times ágeis e times de times de times ágeis criam estruturas de subordinação muito parecidas a hierarquias. Mas product owners não são chefes tradicionais: não preveem, não comandam nem controlam o trabalho dos times. Tampouco atribuem tarefas a indivíduos ou estabelecem prazos – o time, trabalhando conjuntamente, faz isso tudo. E as hierarquias, apesar de toda a crítica que recebem, também funcionam bem com mentalidades e métodos ágeis. Dominar o ágil em escala não só melhora a inovação, mas também ajuda as operações a funcionar de um jeito mais humano.

Chegar a esse domínio requer que os líderes saibam o suficiente para definir o que querem dizer com *ágil*. Como vimos no Capítulo 2, há dezenas de frameworks ágeis. A maioria de nossos clientes, ao avaliar as alternativas, em geral escolhe dois ou três deles (por exemplo, Scrum, Kanban e um framework de escala como Scrum@Scale ou SAFe). Em seguida, customizam esses frameworks de acordo com a cultura da empresa, harmonizam os principais conceitos e terminologias e incentivam os times a adaptar.

Embora o ágil em escala seja um bom começo, fazer o ágil do jeito certo exige, em última instância, tanto times ágeis como sistemas ágeis – ou seja, uma empresa ágil. Sabemos que é comum a confusão entre esses termos, pois ambos envolvem fazer o ágil. Mas a diferença é importante. O foco do ágil em escala é melhorar o desempenho de times ágeis, permitindo que a burocracia e a inovação coexistam. Já o foco das empresas ágeis é criar sistemas de negócios ágeis, transformando a burocracia e a inovação em parceiros simbióticos que colaboram para entregar resultados superiores.

Examinemos, com uma lupa, o conceito de empresa ágil. Uma definição detalhada poderia ser: *empresas ágeis criam sistemas equilibrados que se adaptam com eficiência a novas oportunidades envolvendo clientes a fim de entregar resultados superiores*. Cada elemento é importante, a começar pela coisa em si. Em uma empresa ágil, o foco dos executivos não é otimizar o desempenho de times isolados. É, na verdade, melhorar o desempenho do sistema de negócios inteiro. Esse sistema é *equilibrado*: executa operações de maneira confiável e eficiente, além de inovar para tirar proveito de mudanças. Operações estáveis e inovação flexível não são inimigas. São recursos complementares, interdependentes e mutuamente benéficos que precisam um do outro para sobreviver.

Os outros elementos são igualmente importantes. Sistemas ágeis *se adaptam com eficiência*. O segredo de uma boa evolução é preservar características que funcionam bem e, ao mesmo tempo, ir mudando com rapidez e eficiência o que precisa ser mudado. Testar de forma iterativa com ciclos rápidos de feedback é a única maneira de se adaptar sem gerar consequências involuntárias e dolorosas. E a que um sistema se adapta? *A novas oportunidades envolvendo clientes*. Empresas ágeis não se limitam a estudar o mercado para identificar e reagir a mudanças em preferências do cliente. Assim como na Amazon, mudam esse mercado de forma proativa. Estão sempre obcecadas por descobrir, criar e capitalizar soluções que ajudem o cliente a atingir objetivos gratificantes e obriguem concorrentes a seguir o exemplo ou aceitar a extinção. Esse processo pode, e em geral deve, incluir inovações disruptivas: produtos ou serviços que talvez não interessem imediatamente à clientela atual da empresa, mas que podem interessar a outros.

Por fim, empresas ágeis entregam *resultados superiores*. O único propósito válido para aumentar a agilidade é melhorar resultados – resultados envolvendo clientes (comportamentos de compra, participação de mercado), resultados financeiros (crescimento da receita, fluxo de caixa), resultados envolvendo funcionários (qualidade do pessoal, eficácia) e resultados sociais (direitos humanos, sustentabilidade ambiental). Não há nada inerentemente virtuoso na agilidade – e, na verdade, nada inerentemente mau na burocracia. São apenas ferramentas a serviço de uma estratégia para obter resultados.

Ainda que você não esteja planejando uma transição da sua organização em uma empresa ágil neste momento, recomendamos que passe algumas semanas explorando como seria essa transição. Quantos times poderíamos ter? O que fariam e a quem se reportariam? Quanto valor adicional a empresa poderia criar? Como harmonizar melhor a burocracia com a inovação? Quais seriam os maiores impedimentos e riscos à concretização dessa visão? Até onde poderíamos ir, realisticamente falando, e com que rapidez poderíamos chegar lá? Visualizar um sistema ágil com este exercício incentiva um raciocínio holístico, integrador. Produz uma estimativa do valor em jogo e promove um maior alinhamento em torno do destino final, o que ajuda a nortear decisões estratégicas.

Há outros benefícios. Visualizar uma empresa ágil pode aumentar o comprometimento, a energia e a coragem para agir. Pode, também, impedir a organização de fazer coisas que acabariam dificultando ou impossibilitando a transformação em empresa ágil. Pode facilitar a discussão sobre até que ponto a organização quer avançar na transformação em empresa ágil, com que rapidez quer chegar lá e como sequenciar as ações. Pode ajudar o time executivo a identificar dúvidas a ser esclarecidas, riscos a ser abordados e testes que poderiam mudar decisões.

Só que isso tudo também pode levar a extremos perigosos. Um deles é "eu quero tudo e quero já". O outro é "estou paralisado pelas perspectivas".

Já falamos dos perigos da transição ágil "big bang", que acontece de uma vez só. Os executivos que querem mudar tudo instantaneamente costumam usar equipes de transformação burocráticas para impor o ágil à organização. Quase sempre copiam o modelo ágil de alguém, convencem-se de que ali estão todas as respostas e partem para a ação. O resultado raramente é bom. Em um sistema complexo como uma empresa, relações de causa e efeito costumam demorar a aparecer, e acabam produzindo consequências involuntárias. É só pensar na Lei Seca nos Estados Unidos: quanta gente achava que a proibição da venda de bebidas alcóolicas no país iria trazer mais dinheiro e poder ao crime organizado, fazer crescer o consumo de entorpecentes pesados e de bebidas caseiras perigosas, derrubar a arrecadação de impostos, criminalizar milhões de cidadãos corretos, reduzir a confiança nas autoridades e sobrecarregar o sistema judicial? E, ainda assim, os Estados Unidos levaram 13 anos para reverter a medida.

No outro extremo estão executivos paralisados pela complexidade de uma empresa ágil. Sim, a dor de uma burocracia exagerada é dura, e a visão de uma empresa ágil é sedutora. Mas por onde começar? Há tanto a mudar. Se não fizermos tudo com perfeição, poderemos acabar em uma situação pior do que a de hoje. O medo da perda entra em cena. Durante anos, nada de expressivo ocorre. Até que, de repente, os gestores percebem que estão em sérios apuros. Não dá mais para esperar, não há tempo para testar nem para aprender. "Precisamos de tudo, e precisamos já!" Como se sofressem de um efeito sanfona, essas empresas costumam oscilar de um extremo a outro.

3. Use a inovação ágil para chegar lá

Para muitos executivos, a realidade mais difícil de aceitar no início de uma jornada ágil é que o destino final e como chegar lá são não apenas desconhecidos como também irreconhecíveis. Até mesmo adeptos experientes da agilidade não têm como prever com algum grau de confiança o quão ágil o sistema de negócios deveria ser no final ou o caminho a percorrer de aqui até lá. Essa perspectiva angustiante põe em xeque a noção mais arraigada entre muitos líderes sobre como eles próprios agregam valor. Quem poderia contestar a filosofia de Jack Welch ("Neutron Jack", para muitos)? "Um bom líder empresarial cria uma visão, articula essa visão, defende fervorosamente essa visão e trabalha sem trégua para sua concretização."[6] Em outras palavras, o líder prevê, comanda e controla.

O problema é que prever, comandar e controlar não funcionam em condições vagas e incertas. Em seu estudo sobre companhias empreendedoras, Amar Bhidé descobriu que dois terços delas só tiveram sucesso depois de alterar de forma moderada ou considerável a visão inicial do negócio. Nas palavras do próprio Bhidé: "Empreendedores reveem suas hipóteses rapidamente por meio de experimentos em série e de respostas adaptativas a problemas e oportunidades imprevistos".[7] O célebre Fred Wilson, um dos fundadores da empresa de capital de risco Union Square Ventures, descobriu um padrão semelhante: "Das 26 empresas que considero realizadas ou efetivamente realizadas no meu registro pessoal, 17 promoveram uma transformação total ou parcial do negócio entre o momento em que investimos e o momento em que vendemos. Isso significa que há dois terços de probabilidade de que seja preciso reinventar expressivamente o negócio entre o momento em que você faz um investimento de risco e o momento em que sai do negócio". Wilson descobriu ainda que, dos negócios que a seu ver tinham dado errado, 80% não tinham se reinventado.[8]

Como já dissemos, Daniel Kahneman e outros acadêmicos sugerem que a probabilidade de um líder acertar ao prever algo é a mesma de alguém vencer um jogo de cara ou coroa.[9] Se a probabilidade de que previsões de líderes estejam erradas for a mesma de que estejam certas, então a tentativa de comandar e controlar provoca uma enxurrada de questionamentos. E se minhas previsões não forem melhores do que as de gente que está mais perto do cliente e das operações que atendem esse cliente? E se testar e aprender com o cliente realmente levar a decisões melhores e mais rápidas do que as minhas? E se o tempo que leva para algo entrar na minha agenda – além do tempo que eu levo para decidir – estiver dobrando ou triplicando a duração de nossos ciclos de construção e dos ciclos de entrega? E assim sucessivamente.

Lembre-se: o ágil foi desenhado para criar soluções inovadoras quando o que entregar e como entregar são algo vago e imprevisível. Essa é uma descrição perfeita do caminho a percorrer para converter uma burocracia exagerada em uma empresa ágil. E é por isso que sustentamos que o primeiro passo deveria ser criar uma equipe de liderança ágil que atuará como qualquer outro time ágil. A equipe a cargo dessa iniciativa terá um "dono" (responsável pelos resultados gerais) e um facilitador que orienta membros do time e ajuda a manter todos engajados. Líderes aceitam gastar menos tempo na microgestão de suas respectivas áreas e dedicar mais tempo à criação de um sistema ágil que dê suporte à estratégia para atingir os resultados desejados, como objetivos de negócios, resultados financeiros, satisfação do cliente e inspiração dos funcionários. Para vencer a paralisia organizacional, desmembram problemas complexos em passos factíveis e trabalham sistematicamente nisso. Arregaçam as mangas para resolver problemas e eliminar entraves, em vez de delegar esse trabalho a subordinados.

Uma ferramenta essencial para o time é um backlog robusto e adaptativo de oportunidades que os membros da equipe possam explorar juntos. O backlog dará ao time uma visão realista, discriminada e baseada em fatos sobre o valor que é possível gerar e em que ordem a equipe deveria realizar o trabalho. O compromisso mútuo dos membros de seguir juntos para trabalhar no backlog aumenta a chance de sucesso coletivo do time. Embora à primeira vista o backlog possa parecer apenas uma lista mais pomposa de tarefas, há três diferenças importantes. Primeiro, cada item é redigido de forma a descrever uma necessidade do cliente ou uma oportunidade importante – e não como uma tarefa a ser finalizada. Segundo, cada item é sequenciado de modo implacável para desencorajar o multitasking e concentrar recursos no trabalho de maior valor. Terceiro, o backlog é continuamente atualizado e ressequenciado para refletir os dados mais atuais sobre seu valor e recursos necessários.

Além de concentrar a atenção no cliente e na adaptabilidade, um backlog dá ao time ágil coragem para dizer não a atividades de baixo valor. Quando começou a implementar o ágil, Erik Martella, vice-presidente da vinícola Central Coast Wineries (do grupo Constellation Wines), recebeu um e-mail de um superior na Constellation sugerindo que a vinícola explorasse uma ideia que ele – o autor do e-mail – adorava. Martella contou que, no passado, talvez tivesse respondido: "Pode deixar, vamos trabalhar nisso". Naquele momento, no entanto, sua resposta foi que a vinícola estava seguindo princípios ágeis e que a ideia seria adicionada a uma lista de potenciais oportunidades e receberia uma priorização. Por acaso, o executivo gostou dessa abordagem – e, ao ser informado de que sua ideia tinha recebido baixa prioridade, acatou prontamente a decisão.

Um backlog tem ainda outro benefício. Você se lembra de quando Goldberger, da Amazon, falou das vantagens de dar um fim mais cedo a iniciativas de inovação que não estivessem dando certo? Membros de um time malsucedido fazem de tudo para parecer ocupados e confiantes, pois temem ser rotulados como fracassados, ser remanejados para tarefas banais ou até demitidos – quando o ideal seria desistirem da iniciativa e buscarem missões mais promissoras. Um backlog robusto incentiva tal conduta ao apresentar continuamente um cardápio recheado de oportunidades claramente superiores. O que é melhor: seguir trabalhando em um projeto que está entregando resultados decepcionantes ou trabalhar em uma das maiores e mais empolgantes prioridades da empresa? Ninguém escolhe o insucesso de livre e espontânea vontade se tiver alternativa melhor.

Ao longo do tempo, a equipe de liderança ágil (como qualquer outro time ágil) tem de medir o próprio progresso. Hoje, um bordão comum na comunidade ágil é "medir resultados (outcomes), não entregas (outputs)". Até entendemos a intenção, mas o fato é que, para criar sistemas eficazes, é preciso medir resultados *e* entregas – bem como atividades, entradas e propósitos. O que a comunidade ágil quer frisar é que é possível trabalhar duro e criar diversos novos produtos sem com isso melhorar a satisfação do cliente ou os resultados financeiros. Por outro lado, não há como melhorar a satisfação do cliente ou os resultados financeiros sem trabalhar duro e criar novos produtos.

Sakishi Toyoda, fundador da Toyota Industries e pioneiro em métodos ágeis de inovação, dizia que, para melhorar resultados (outcomes), era preciso melhorar os processos e sistemas que produzem esses resultados. Se os resultados decepcionavam, Toyoda incentivava as pessoas a questionarem o porquê até chegar à raiz do problema. A técnica foi batizada de "cinco porquês". Identifique um problema e então pergunte por que os processos estão levando a ele. Se um processo é falho, pergunte a razão. Siga em frente até localizar a fonte do problema, o que geralmente exige cinco iterações. Só então é possível descobrir como resolvê-lo. Da mesma forma, medir resultados (outcomes) também não é suficiente. Não dá para melhorar um resultado sem entender e corrigir os processos no sistema que o geram. O uso de métricas para monitorar processos não só ajuda a responder os cinco porquês, mas permite controles estatísticos de processos para prevenir problemas futuros, mesmo quando os resultados atuais parecem bons. A situação financeira pode parecer boa no momento, mas, se o funil de novos produtos estiver vazio e seus melhores inovadores estiverem pulando fora, há um problema de processo que em breve se tornará um problema de resultados.

À medida que os líderes vão fazendo isso tudo, sua produtividade e seu moral sobem. Aprendem a falar a língua dos times que estão empoderando. Enfrentam desafios similares e aprendem a superá-los. Reconhecem e interrompem comportamentos que atrapalham times ágeis. Aprendem a simplificar e a focar o trabalho. Os resultados melhoram, aumentando a confiança e o engajamento por toda a organização.

4. Torne o processo divertido

Ficamos perplexos com a quantidade de gurus da gestão de mudança que pregam, e realmente parecem crer, que, para ser benéfica, a transição para abordagens ágeis deve ser radical e dolorosa. A impressão é que se esbaldam com o caos organizacional, mas sempre prevendo que dali a pouco será a hora da euforia. Com todo o respeito a Elisabeth Kübler-Ross e aos "estágios do luto", fazer o ágil do jeito certo tem pouco em comum com perder um ente querido. Mas tem tudo a ver com encontrar maneiras melhores de trabalhar em equipes que deixem as pessoas mais felizes, mais inovadoras e mais realizadas.

Nosso conselho é: se o processo de mudança estiver deixando você ou o pessoal infeliz, pare já. Agora! Não faça nada esquisito. E não confunda a resignação gradual e contrariada dos funcionários a formas estranhas de trabalhar com um nascente entusiasmo. O fato é que o progresso no ágil deveria dar prazer desde o início. Não estamos dizendo que a agilidade não exige esforço; estamos dizendo que deveria produzir o equivalente à empolgação que sente um corredor: a sensação boa trazida por um treino que produz um progresso tangível rumo a uma mente e a um corpo mais sãos. Um volume expressivo de estudos mostra que há uma relação fortíssima entre felicidade e inovação. Não importa se a felicidade leva à inovação ou se a inovação aumenta a felicidade. Ao melhorar uma, você inicia um ciclo que pode elevar continuamente ambas. O sucesso cria um hábito. O cérebro produz substâncias que fazem a pessoa se sentir bem ao realizar algo com sucesso. Quando estipulamos e atingimos uma meta, o cérebro libera dopamina, o hormônio da recompensa que nos motiva a seguir fazendo aquilo que nos traz prazer. Quando nos relacionamos com outras pessoas e nossa confiança nelas aumenta, o cérebro libera ocitocina, o que aumenta a lealdade e desperta nosso desejo de estreitar laços. Quando vencemos um desafio difícil, o cérebro libera endorfinas, o que melhora o humor e diminui a fadiga. Quando participamos de atividades que reforçam o sentido de propósito, o organismo produz serotonina, o que dá uma sensação de confiança e calma. Todos essas substâncias, e outras mais, reforçam comportamentos benéficos e aumentam não só a felicidade, mas também nossa capacidade de inovar em equipe.

Quando alguém está infeliz no trabalho, é porque não está fazendo coisas gratificantes e seu cérebro não está produzindo um volume suficiente das substâncias químicas que tornam o trabalho prazeroso. Essa pessoa não está só desmotivada, mas vivendo uma espécie de síndrome de abstinência neuroquímica. Bons líderes ágeis tornam a inovação algo divertido e gratificante e, com isso, aumentam a produtividade. Eles aprendem a ajudar o time a definir e atingir objetivos, a criar vínculos com outros, a superar desafios difíceis, a reforçar um sentido de propósito e a tornar o sucesso uma fonte de prazer.

Uma tática para tornar a coisa toda divertida é criar e comemorar vitórias frequentes. Críticos de modelos ágeis reclamam que o método usa sprints para impor prazos apertados que levam as pessoas à exaustão, sem deixar tempo para que descansem ou até mesmo para que pensem. Concordamos que o ágil ruim pode, sim, levar a isso. Mas, quando feito do jeito certo, o ágil usa sprints para fins totalmente diferentes dos citados. Ao dividir problemas grandes e complexos em tarefas mais gerenciáveis, o ágil deixa as pessoas mais confiantes para resolver os problemas mais desafiadores. Para descobrir maneiras criativas de desenvolver e testar protótipos rápidos, times ágeis adotam ciclos de feedback curtos que se ajustam rápida e facilmente a eventos imprevistos. E o grande benefício de sprints é que criam vitórias mais frequentes e oportunidades para celebrá-las. Em um artigo na *Harvard Business Review* ("The Power of Small Wins"), Teresa Amabile e Steven J. Kramer dizem o seguinte:

> De todas as coisas capazes de melhorar emoções, motivação e percepções durante um dia de trabalho, a mais importante é registrar progresso num trabalho que tenha sentido. E, quanto mais

frequente essa sensação de progresso, maior a chance de que a pessoa seja criativamente produtiva a longo prazo. Não importa se está tentando resolver um grande mistério científico ou simplesmente produzir um produto ou serviço de alta qualidade: o progresso no dia a dia – mesmo uma pequena vitória – pode fazer toda a diferença no emocional e no desempenho do indivíduo.[10]

Quando bem administradas, as sprints criam, a cada uma ou duas semanas, a oportunidade de o time registrar um progresso gratificante rumo a um propósito relevante. Todo aprendizado se torna algo a ser celebrado, ainda que leve o time a alterar premissas, pivotar para uma solução diferente ou passar para uma nova oportunidade. Sua função como líder ágil será ajudar a equipe a criar vitórias mais frequentes e remover obstáculos que impeçam seu progresso. É sua responsabilidade dar destaque ao progresso e comemorá-lo com empolgação. Isso vai aumentar a motivação e a capacidade de inovação do time.

E, por último, mais um ingrediente da diversão: ensinar e orientar os outros. Ensinar – e ver o outro aprender – é uma das atividades mais prazerosas e gratificantes que o ser humano pode fazer.

E por quê? Richard Feynman, que recebeu um Nobel de Física pelo trabalho em eletrodinâmica quântica, ensinava que a melhor maneira de dominar uma habilidade nova era ensiná-la a um principiante. Feynman achava que muitos especialistas recorriam a jargões e a uma linguagem cifrada para disfarçar a própria ignorância. Da nossa parte, constatamos que, quando fazemos um esforço para explicar as coisas em linguagem simples e direta, sempre encontramos uma oportunidade de aprender mais. Vamos a fundo até poder explicar para uma criança – ou para um executivo cético. À medida que for desenvolvendo competências ágeis e começar a ensiná-las a principiantes, você ficará surpreso com quanto isso o obriga a aprender. As dúvidas deles vão expor seu raciocínio incompleto, as premissas ocultas. E, à medida que os outros aprendem e aplicam princípios e práticas ágeis, melhorando seu próprio desempenho e ajudando por sua vez mais gente a melhorar, você ficará surpreso com a satisfação que vai sentir por estar orientando os outros e criando vínculos – ao mesmo tempo que dá uma contribuição importante para o desempenho da empresa.

Como dissemos lá no começo do livro, se você e seu time não estiverem se divertindo com o ágil, é porque não estão fazendo do jeito certo.

Apêndice A
Manifesto ágil de uma equipe de liderança

Em 2001, uma turma de 17 autodenominados "anarquistas organizacionais" passou três dias reunida para discutir formas mais adaptativas de desenvolver software. Ao final, o grupo lançou o que chamou de Manifesto para Desenvolvimento Ágil de Software, documento que descrevia as práticas que, com o tempo, todos ali tinham passado a valorizar mais:

- indivíduos e interações, mais que processos e ferramentas;
- software em funcionamento, mais que documentação abrangente;
- colaboração com o cliente, mais que negociação de contratos;
- responder a mudanças, mais que seguir um plano.

Quando atendemos um cliente que está vivenciando o processo de transição para empresa ágil, é comum sugerirmos discussões parecidas com suas equipes de liderança ágil, ajudando esses times a customizar e a se comprometer com a sua própria versão de manifesto ágil. Ao final da discussão, o time redige uma declaração simples dos valores ágeis que pautarão seu trabalho, e seus membros se comprometem a mudar o próprio comportamento para reforçar esses valores. Combinam, também, que irão ajudar um ao outro a monitorar os comportamentos e corrigir ações inadequadas. Na Figura A.1, damos um exemplo representativo de um manifesto ágil.

FIGURA A.1

Manifesto de um time de liderança ágil

Indivíduos e interações, mais que processos e ferramentas

Definimos uma ambição clara ("o quê" e "por quê") e métricas para o sucesso, mas delegamos o "como" ao time.

Empoderamos nossos times e acreditamos que a resposta certa virá deles, e não de nós.

Soluções que funcionam, mais que documentação abrangente

Lançamos soluções suficientemente boas, que funcionem, em vez de exigir perfeição.

Protegemos o time para que ele possa focar e removemos rapidamente impedimentos importantes.

Apoiamos times para que desmembrem problemas complexos e entreguem com frequência soluções que estejam funcionando.

Engajamento do cliente, mais que contratos rígidos

Incentivamos times a buscar feedback de um universo diversificado de clientes e promovemos uma cultura de rápida adaptação a esse feedback.

Acreditamos que as coisas sempre podem ser melhoradas.

Responder a mudanças, mais que seguir um plano

Celebramos o aprendizado e criamos um ambiente seguro para que os times corram riscos prudentes e testem hipóteses não convencionais.

Fazemos uma priorização constante e implacável e interrompemos atividades que não estejam dando resultados no intervalo de tempo definido.

Diariamente damos o exemplo de como é trabalhar de forma ágil

Por trás de cada tópico há valores e práticas que detalham cada comportamento. Ao longo dos anos, ajudamos a criar muitos manifestos. Embora cada organização precise de seu próprio manifesto, o que segue abaixo é uma relação de temas de discussão e compromissos comuns a todas:

Indivíduos e interações, mais que processos e ferramentas

- Definimos uma ambição clara ("o quê" e "por quê") e métricas para o sucesso, mas delegamos o "como" ao time.
  - **Alinhamos fortemente a liderança** em torno da estratégia e das prioridades da empresa – o "quê".
  - Definimos e comunicamos um **propósito claro, estimulante** – o "por quê".
  - Usamos **sessões regulares de revisão do negócio** (trimestrais, por exemplo) para manter alinhamento e foco.
  - Adotamos **algumas métricas críticas para o sucesso**, em vez de uma longa lista de dados interessantes.
  - Acompanhamos o progresso por meio de uma **interação pessoal e ativa** com times e em demonstrações – em vez da fiscalização detalhada do cumprimento de marcos.

- Empoderamos nossos times e acreditamos que a resposta certa virá deles, e não de nós.
  - **Paramos de falar e passamos a ouvir com atenção** nossos times; assumimos nossa própria ignorância em relação a soluções.
  - Articulamos nossas estratégias e nossos marcos como **problemas a serem resolvidos, não soluçõe**s.
  - **Deixamos decisões a cargo de quem está mais perto** dos clientes, das operações e dos processos.
  - **Incentivamos todos a contribuir** para discussões.
  - **Consideramos o time responsável** por resultados.

- **Tratamos times (e uns aos outros) como parceiros e, em vez de respondermos, perguntamos** – por exemplo, "O que você sugere?" ou "Como podemos testar isso?").
- **Observamos regularmente cerimônias de times Scrum**, para mostrar que acreditamos que a resposta virá deles.
- **Buscamos ativamente opiniões diferentes e divergentes**, em vez de ouvirmos pessoas que apenas confirmam o que já achamos.

Soluções que funcionam, mais que documentação abrangente

- Lançamos **soluções suficientemente boas, que funcionem,** em vez de exigir perfeição.
  - Pedimos a nossos times que compartilhem **ideias e protótipos logo no início** e damos feedback que possa ser aproveitado.
  - **Não criticamos todo protótipo logo de início**, mas deixamos que clientes o testem para direcionar a inovação.

- Protegemos o time para que ele possa focar e removemos rapidamente impedimentos importantes.
  - Mantemos uma **lista priorizada de impedimentos** e fazemos de sua eliminação nossa maior prioridade.
  - **Eliminamos implacavelmente o máximo possível de reuniões** (ou encurtamos sua duração) e passamos a participar de reuniões (diárias ou semanais) de coordenação de times para saber como podemos ajudar.
  - **Reduzimos a demanda de acompanhamentos de progresso**; optamos por transparência em vez disso, interagindo com times para conferir demonstrações de produtos e resultados e para dar feedback.
  - **Abolimos os comitês tradicionais de gestão (steering committees)**, com seus exaustivos processos de aprovação da hierarquia.

- Apoiamos times para que desmembrem problemas complexos e entreguem soluções funcionando em cada sprint.
  - **Ajudamos nossos times a quebrar grandes problemas** para encontrar maneiras de resolvê-los em incrementos.
  - **Dizemos não a slides que descrevem soluções** e pedimos para ver protótipos reais funcionando.
  - **Participamos de demonstrações de protótipos** para dar feedback e ver como os clientes reagem.

Engajamento do cliente, mais que contratos rígidos

- Incentivamos os times a **buscar feedback** de um universo diversificado de clientes e promovemos uma **cultura de rápida adaptação** a esse feedback
  - **Definimos claramente quem é nosso cliente** e ouvimos os clientes *antes* de criar algo.
  - **Vetamos propostas que não mostrem resultados experimentais reais** de clientes de verdade.
  - Incentivamos todos a passar mais tempo fora da empresa – **vá ver os clientes**.
  - **Evitamos substitutos de clientes**: pegue feedback diretamente do cliente.
  - **Perguntamos regularmente quais são as premissas** e pedimos que expliquem como elas estão sendo testadas com clientes.
  - **Damos mais importância aos KPIs ligados ao cliente** do que aos puramente internos.
  - **Incluímos clientes em times** e reuniões de projetos.
  - **Equipamos times para coletar feedback de clientes**, em vez receber essa informação de outra área da empresa.
  - **Criamos "geradores de movimento"** que fazem perguntas sobre o feedback do cliente em todas as reuniões.

- ▷ **Estruturamos reuniões** para que o máximo de tempo seja dedicado ao engajamento do time com clientes.

- Acreditamos que **as coisas sempre podem ser melhoradas**.
  - ▷ **Jamais permitimos que um produto prioritário seja considerado concluído**. Estamos sempre perguntando: como melhorá-lo ainda mais?
  - ▷ **Queremos saber do que o cliente vai precisar futuramente** e como o mercado está evoluindo para promover a inovação.

Responder a mudanças, mais que seguir um plano

- Celebramos o aprendizado e criamos um **ambiente seguro** para que os times corram **riscos prudentes** e **testem hipóteses não convencionais**.
  - ▷ **Perguntamos "por que não?" em vez de "por quê?"** e criamos oportunidades para pilotos, protótipos e experimentação.
  - ▷ **Damos espaço para a experimentação**; minimizamos a necessidade de camadas de aprovação, sobretudo para experimentos.
  - ▷ **Divulgamos sucessos**; contamos histórias em eventos da empresa e reconhecemos as pessoas que estão de olho no futuro e identificando oportunidades.
  - ▷ **Não fugimos de notícias ruins**; criamos um ambiente em que todos se sintam seguros para expor erros.
  - ▷ **Nós nos envolvemos em conversas difíceis e desconfortáveis** com consumidores, clientes e colaboradores.
  - ▷ Premiamos pessoas de todos os níveis e funções por trazerem **ideias novas ou não convencionais**.
  - ▷ **Premiamos quem aprende com o erro**.

▷ Nós, como líderes, **admitimos publicamente nossos erros**.

- Fazemos uma **priorização constante e implacável** e encerramos atividades que não estejam gerando **aprendizado e resultados suficientes** dentro do tempo definido.
  ▷ **Mantemos um foco inabalável nas grandes prioridades** e concluímos uma antes de passar para a outra.
  ▷ Deixamos todas as prioridades, itens de trabalho e **problemas visíveis para todos**.
  ▷ Montamos uma equipe de liderança que **reprioriza continuamente o backlog da empresa com base em feedback** interno e externo.
  ▷ **Paramos o investimento** quando vemos que não estamos produzindo resultados suficientes.

- **Diariamente damos o exemplo de como é trabalhar de forma ágil**.
  ▷ **Reduzimos pela metade o tempo gasto em reuniões** para podermos estar com clientes e funcionários da linha de frente e termos tempo para considerar as prioridades e o rumo da organização.
  ▷ **Mudamos o formato das reuniões da alta liderança**. Não ficamos mais sentados à mesa ouvindo alguém ler uma apresentação com um relatório do progresso. Em vez disso, circulamos pela sala para discutir prioridades, conferimos protótipos reais, já operantes, e criamos nossa própria lista priorizada de ações, resolvendo nossos maiores impedimentos.
  ▷ **Agimos como catalisadores** no processo de transformação.
  ▷ **Fazemos mudanças simbólicas,** como abrir mão de salas individuais para trabalhar em uma mesa compartilhada no

meio de todos, onde ficamos mais acessíveis; ceder vagas de estacionamento reservadas à diretoria para clientes em visita à empresa; fazer encontros semanais no café da empresa para dar as últimas informações sobre o negócio e responder a perguntas; admitir abertamente o que vai bem e o que precisa de mais atenção.

▷ **Assumimos publicamente o compromisso** de mudar nosso próprio comportamento e revelamos nosso programa de desenvolvimento pessoal.

▷ **Buscamos ajuda** na forma de coaching e de feedback para mudar.

Como sugere essa longa lista de compromissos, liderar uma transição ágil dá trabalho. Esse processo de transição não é uma distração cara; é a maneira como a empresa será tocada. A equipe de liderança ágil aprende a operar como um time ágil a serviço de seus clientes, tanto externos como internos.

Apêndice B
Definição de componentes do modelo operacional

Propósito e valores: o propósito de uma empresa ágil é sua permanente missão de produzir impacto; seus valores expressam as crenças compartilhadas e duradouras que norteiam as decisões e as prioridades da empresa ágil.

Estratégia: a estratégia de uma empresa ágil determina as fontes de valor da organização, onde jogar, como vencer e que capacidades serão necessárias para atingir seu propósito maior.

Liderança e cultura: em empresas ágeis, os líderes e a organização de modo geral adotam valores ágeis para mudar visivelmente as formas de trabalhar, de modo a aumentar a obsessão pelo cliente, a colaboração e o conforto em relação à adaptação.
- *Liderança:* a mentalidade e os comportamentos da liderança passam a privilegiar confiança e coaching em vez de previsão e controle, e executivos seniores atuam de forma colaborativa como um time de estratégia ágil.

- *Cultura:* valores ágeis são inseridos em toda a organização por meio da mentalidade, dos comportamentos e da rotina das pessoas, criando uma cultura de colaboração e inovação.

Planejamento, orçamento e revisão: empresas ágeis adotam um *sistema de gestão* mais frequente e flexível, de modo a remanejar recursos de forma dinâmica para oportunidades de maior valor. O ciclo começa com a definição de prioridades estratégicas; o apoio a essas prioridades com pessoal e verba; e, depois, a medição dos resultados das prioridades com base no impacto financeiro, em clientes e em funcionários. Os resultados obtidos realimentam a priorização estratégica para ajudar a determinar onde continuar, onde pivotar ou onde encerrar as atividades.

- *Planejamento:* em um processo dinâmico, empresas ágeis criam hipóteses sobre oportunidades mais valiosas para a organização testar e determinam quando e qual a melhor forma de explorá-las.
- *Orçamento:* empresas ágeis adotam uma abordagem frequente e flexível para financiar prioridades estratégicas (seguindo a abordagem do venture capital): testam, aprendem e redirecionam a verba para onde possa ter maior impacto.
- *Revisão:* empresas ágeis criam ciclos de feedback e têm conversas francas sobre desempenho. Usam métricas simples e transparentes, que são disseminadas por toda a organização para acompanhar o desempenho atual *versus* o desempenho esperado e, assim, adaptar as abordagens.

Estrutura e responsabilidades: a estrutura e as responsabilidades na empresa ágil refletem tanto as fronteiras e as funções de unidades de negócios como a visão mais granular da composição de equipes e de direitos de decisão individuais.

- *Unidades organizacionais:* uma empresa ágil alinha suas unidades de negócios a fontes de valor na organização e define clara-

mente responsabilidades por toda a matriz de unidades de negócios, departamentos e centro corporativo.
- *Times e funções:* empresas ágeis mapeiam o trabalho que precisa ser feito para atender às necessidades dos clientes e destacam times ágeis multidisciplinares dedicados a essas necessidades para mudar o negócio. Em empresas ágeis, os indivíduos são empoderados e têm direitos de decisão definidos para avançar rapidamente.

Motor de talentos: o motor de talentos de uma empresa ágil define qual o talento necessário – as capacidades e competências exigidas para apoiar prioridades estratégicas – e como será executada a estratégia de talentos com um sistema em rápida evolução e voltado a resultados.
- *Estratégia de talentos:* na hora de contratar e segurar os melhores, as empresas ágeis definem prioridades plurianuais sobre as pessoas. A estratégia de talentos define as habilidades e competências necessárias para alcançar os objetivos da empresa e chegar à proporção de talentos internos e externos que produza os melhores resultados.
- *Sistema de talentos:* empresas ágeis usam processos voltados a resultados para determinar como contratar, utilizar, avaliar, desenvolver, recompensar e inspirar talentos – e continuamente melhorar sistemas e abordagens de gestão de pessoas.

Processos de negócios: empresas ágeis usam processos de negócios como facilitadores para levar ótimas soluções a clientes. Processos de negócios são simples e estão sempre sendo melhorados. Integram indivíduos, equipes, dados e tecnologia para levar inovações disruptivas ou repetibilidade a qualquer área da empresa, sempre que necessário.

Tecnologia e dados: em uma empresa ágil, tecnologia e dados incluem integrar aspectos estruturais (arquitetura modular, processos de entrega contínua e qualidade de dados) e aspectos humanos (competências e formas de trabalhar) para permitir a rápida tomada de decisões e a colaboração entre negócios e tecnologia.

- *Tecnologia*: empresas ágeis adotam arquiteturas modulares, flexíveis e orientadas a serviços, com DevOps e automação eficientes para permitir entrega contínua, além de ferramentas e formas de trabalhar para viabilizar uma colaboração eficaz.
- *Dados:* empresas ágeis criam e capturam dados de alto valor para melhorar a velocidade, a qualidade e o custo da tomada de decisões. Além disso, criam arquiteturas modernas para permitir acesso a dados.

Apêndice C
Notas sobre a pesquisa

Embora o ágil seja popular e tenha um apelo natural, nada disso é motivo suficiente para sua adoção. O ágil trabalha com o empirismo, a filosofia de que toda hipótese deve ser posta à prova com evidências empíricas. Na hora de decidir se adota ou não o ágil, a empresa deve olhar além de histórias inspiradoras, buscando evidências amplas e imparciais de que funciona e como aumentar a probabilidade de sucesso. Empresas que já estão registrando sucesso com pilotos e pensando em escalar times ágeis devem analisar evidências para saber se isso tende a melhorar ou prejudicar os resultados. Empresas que estão penando com a adoção do ágil provavelmente se perguntarão se o problema é com elas ou se outras empresas também estão tendo dificuldades parecidas com abordagens ágeis. A Bain & Company vem compilando e analisando dados sobre abordagens ágeis há anos para poder dar uma resposta clara e objetiva a cinco perguntas cruciais:

1. Uma inovação mais ampla e de maior qualidade melhora de fato os resultados da empresa?
2. A inovação ágil produz resultados melhores do que os métodos tradicionais de inovação?
3. Os benefícios perduram quando o ágil é escalado para vários times?

4. Os benefícios perduram quando o ágil é adotado fora de departamentos de tecnologia?
5. As empresas ágeis melhoram seus resultados?

Reunimos 70 relatórios de pesquisa de terceiros, incluindo artigos em publicações especializadas, livros, estudos feitos por governos, teses acadêmicas, artigos de conferências, estudos de consultoria e pesquisas de empresas. Essa lista inclui estudos em andamento bastante rigorosos e metaestudos, bem como pesquisas pontuais mais limitadas. Analisamos as conclusões de cada conteúdo no tocante à relação entre inovação e resultados de empresas e dividimos os estudos em três categorias à luz dos cinco conceitos acima: "Relação encontrada", "Relação não encontrada" ou "Inconclusivo". Seguiremos ampliando e atualizando esse banco de dados com novas informações à medida que formos identificando estudos relevantes.

Nos cinco conceitos que testamos, encontramos uma forte ligação entre inovação e resultados de empresas, com um suporte muito forte para "inovação melhora resultados de empresas de modo geral" e "empresas ágeis melhoram resultados".

1. 92% dos relatórios mostraram que a inovação melhora os resultados das empresas de modo geral; 8% foram inconclusivos.
2. 76% dos relatórios mostraram que a inovação ágil é melhor do que a inovação convencional; 10% dos relatórios discordaram e 14% foram inconclusivos.
3. 67% dos relatórios mostraram que os benefícios perduram quando o ágil é escalado para vários times; 4% dos relatórios discordaram e 29% foram inconclusivos.
4. 81% dos relatórios mostraram que os benefícios perduram quando o ágil é adotado fora do departamento de TI; 19% foram inconclusivos.

5. 100% dos relatórios mostraram que empresas ágeis melhoram os resultados, embora a base de evidências seja primordialmente não acadêmica, o que provavelmente reflete o estágio embrionário da pesquisa nessa área.

Até aqui, os dados empíricos são bastante animadores. Não são, no entanto, 100% positivos – e podem mudar. Sugerimos que o leitor faça uma análise dos dados por conta própria. Verifique detalhes de estudos, entenda a metodologia e acompanhe os resultados à medida que novas informações forem surgindo – à medida que empresas forem adotando abordagens ágeis em lugares distintos, de diferentes maneiras e por períodos mais longos. Veja, a seguir, nossa compilação atual de 70 estudos de terceiros ligados às cinco questões cruciais que apontamos, juntamente com as conclusões de cada um.

Obras citadas

A inovação melhora os resultados das empresas de modo geral

Relação encontrada

Atalay, Murat; Anafarta, Nilgün; Sarvan, Fulya. "The Relationship between Innovation and Firm Performance: An Empirical Evidence from Turkish Automotive Supplier Industry", *Procedia – Social and Behavioral Sciences* 75, 3 abr. 2013, pp. 226-235. <https://doi.org/10.1016/j.sbspro.2013.04.026>.

A inovação em produtos e processos teve um impacto positivo e expressivo no desempenho de empresas.

Australian Bureau of Statistics. "Innovation in Australian Business, 2016-17", Australian Bureau of Statistics. Atualizado em 19 jul. 2018. <http://www.abs.gov.au/ausstats/abs@.nsf/0/06B08353E0EABA96CA25712A00161216?Opendocument>.

Empresas inovadoras relataram um aumento nas receitas, a sensação de ter conquistado vantagem competitiva e melhora no atendimento ao cliente.

Cho, Hee-Jae; Pucik, Vladimir. "Relationship between Innovativeness, Quality, Growth, Profitability e Market Value", *Strategic Management Journal* 26, 11 abr. 2005, pp. 555-575. <https://doi.org/10.1002/smj.461>.

Os resultados mostram que a inovação é mediadora da relação entre qualidade e crescimento, a qualidade é mediadora da relação entre inovação e rentabilidade e tanto a inovação como a qualidade têm efeitos mediadores no valor de mercado.

Jiménez-Jiménez, Daniel; Sanz-Valle, Raquel. "Innovation, Organizational Learning e Performance", *Journal of Business Research* 64, nº 4, abr. 2011, pp. 408-417. <https://doi.org/10.1016/j.jbusres.2010.09.010>.

O estudo mostra que o aprendizado organizacional e a inovação contribuem de forma positiva para o desempenho das empresas.

Kelly, Bryan; Papanikolaou, Dimitris; Seru, Amit; Taddy, Matt. "Measuring Technological Innovation over the Long Run", NBER Working Paper nº 25266, National Bureau of Economic Research, Inc., Cambridge, MA, nov. 2018. <https://www.nber.org/papers/w25266>.

Há correspondência entre inovações revolucionárias e aumento da produtividade em determinados intervalos de tempo, setores e empresas.

Linder, Jane C. "Does Innovation Drive Profitable Growth? New Metrics for a Complete Picture", *Journal of Business Strategy* 27, nº 5, 1 set. 2006, pp. 38-44. <https://doi.org/10.1108/02756660610692699>.

A classificação com base em dados financeiros mostra correspondência com avaliação feita pelos próprios executivos sobre quão inovadoras são suas organizações.

Minor, Dylan; Brook, Paul; Bernoff, Josh. "Are Innovative Companies More Profitable?", *MIT Sloan Management Review*, 28 dez. 2017. <https://sloanreview.mit.edu/article/are-innovative-companies-more-profitable/>.

O estudo encontrou correlação expressiva entre a taxa de ideação em empresas e o crescimento do resultado ou do lucro líquido.

Nieves, Julia. "Outcomes of Management Innovation: An Empirical Analysis in the Services Industry", *European Management Review* 13, 21 mar. 2016, pp. 125-136. <https://doi.org/10.1111/emre.12071>.

A inovação na gestão tem influência positiva na inovação em produtos, e a inovação de produtos tem influência significativa no desempenho financeiro.

Rajapathirana, R. P. Jayani; Hui, Yan. "Relationship between Innovation Capability, Innovation Type, and Firm Performance", *Journal of Innovation & Knowledge* 3, nº 1, jan.-abr. 2018, pp. 44-55. <https://doi.org/10.1016/j.jik.2017.06.002>.

O estudo corrobora a tese de que uma maior capacidade de inovação tem forte e positiva influência em empresas.

Shanker, Roy; Bhanugopan, Ramudu; van der Heijden, Beatrice I. J. M.; Farrell, Mark. "Organizational Climate for Innovation and Organizational Performance: The Mediating Effect of Innovative Work Behavior", *Journal of Vocational Behavior* 100, jun. 2017, pp. 67--77. <https://doi.org/10.1016/j.jvb.2017.02.004>.

O estudo mostra que a relação entre clima organizacional propício à inovação e desempenho organizacional é expressiva.

Inconclusivo
Youtie, Jan; Shapira, Philip; Roper, Stephen. "Exploring Links between Innovation and Profitability in Georgia Manufacturers", *Economic Development Quarterly* 32, nº 4, 3 set. 2018, pp. 271-287. <https://doi.org/10.1177/0891242418786430>.

Relação positiva entre rentabilidade e inovação na indústria do estado americano da Geórgia em levantamento de 2005, mas nenhuma conexão entre inovação e desempenho de empresas em pesquisas de 2010 e 2016.

A inovação ágil é ainda melhor do que a inovação convencional

Relação encontrada
Ambler, Scott W. "2013 IT Project Success Rates Survey Results", Ambysoft, jan. 2014. <http://www.ambysoft.com/surveys/success2013.html>.

Estratégias ágeis, enxutas (lean) e iterativas foram, em média, superiores a estratégias tradicionais e *ad hoc*.

CollabNet VersionOne. *13th Annual State of Agile Report*. State of Agile, 7 maio 2019. <https://www.stateofagile.com/?_ga=2.258734218.1293249604.1571223036-453094266.1571223036#ufh-c-473508-state-of-agile-report>.

Os benefícios relatados do ágil incluem capacidade de administrar mudanças em prioridades, visibilidade de projetos, alinhamento de negócios/TI, time-to-market, aumento da produtividade e risco reduzido de projetos.

Fitzgerald, Brian; Hartnett, Gerard; Conboy, Kieran. "Customising Agile Methods to Software Practices at Intel Shannon", *European Journal of Information Systems* 15, nº 2, 9 jan. 2006, pp. 200-213. <https://doi.org/10.1057/palgrave.ejis.3000605>.

O estudo investigou a adaptação de métodos ágeis, eXtreme programming (XP) e Scrum na Intel Shannon. Entre os benefícios estão redução da densidade de defeitos em códigos por um fator de 7 e entrega acelerada de projetos.

Freeform Dynamics. *How Agile and DevOps Enable Digital Readiness and Transformation*. Freeform Dynamics, fev. 2018. <https://freeformdynamics.com/software-delivery/agile-devops-enable-digital-readiness-transformation/>.

Agilistas relataram, em média, um crescimento da receita 60% maior e tinham 2,4 vezes mais probabilidade do que pares de crescer mais de 20%.

Johnson, Suzette; Cheng, Richard; Misiazek, Stosh; Greytak, Stephanie; Boston, James. *The Business Case for Agile Methods*. Arlington, VA: Association for Enterprise Information, 2011. <http://docplayer.net/5838794-The-business-case-for-agile-methods.html>.

O ciclo de release do software Patriot Excalibur (PEX) caiu de 18 meses para 22 semanas; a adoção do ágil por BMC fez a produtividade de certos times subir entre 20% e 50%; a adoção do ágil ajudou o Censo americano a entregar requisitos obrigatórios 50% mais rápido com um terço da equipe de iniciativas anteriores.

Kakar, Adarsh K. "What Motivates Team Members and Users of Agile Projects?", *Proceedings of the Southern Association for Information Systems Conference* 17. Atlanta: Association for Information Systems (AIS), 2013. <https://aisel.aisnet.org/sais2013/17>.

Os métodos ágeis aumentam o efeito da realização no time, dando motivação para que seus integrantes concluam o projeto.

Lo Giudice, Diego; Mines, Christopher; LeClair, Amanda; Deya, Luis; Reese, Andrew. *The State of Agile 2017: Agile at Scale*. Forrester, 14 dez. 2017. <https://www.forrester.com/report/The+State+Of+Agile+2017+Agile+At+Scale/-/E-RES140411>.

Os benefícios do ágil incluem maior frequência de releases, experiência melhor do cliente, maior alinhamento de negócios com Tecnologia, maior qualidade funcional e moral elevado do time.

Przybilla, Leonard; Wiesche, Manuel; Krcmar, Helmut. "The Influence of Agile Practices on Performance in Software Engineering Teams: A Subgroup Perspective". In: *Proceedings of the 2018 ACM SIGMIS Conference on Computers and People Research*, pp. 33-40. Nova York: Association for Computing Machinery, jun. 2018. <https://doi.org/10.1145/3209626.3209703>.

Stand-up meetings diárias e retrospectivas reduziram os níveis de conflito e aumentaram o rendimento e a satisfação.

Reifer, Donald J. "How Good Are Agile Methods?", *IEEE Software* 19, nº 4, 2002, pp. 16-18. <https://doi.org/10.1109/MS.2002.1020280>.

Os benefícios incluíam maior produtividade (15%-23%), redução de custos (5%-7%) e queda no time-to-market (25%-50%).

Rico, David F. "What Is the Return on Investment (ROI) of Agile Methods?", Semantic Scholar. Acesso em: 17 dez. 2019. <https://pdfs.semanticscholar.org/8e3d/c7208bc743037716f327ba98a-7fcb1a69502.pdf>.

Com base na literatura examinada, o uso de métodos ágeis melhora a relação custo-benefício, a produtividade, a qualidade, a duração de ciclos e a satisfação do cliente.

Scrum Alliance. *State of Scrum 2017-18 Report*. ScrumAlliance. Acesso em: 17 dez. 2019. <https://www.scrumalliance.org/learn-about--scrum/state-of-scrum>.

Um total de 97% dos participantes continuará usando Scrum no futuro. Os benefícios da adoção do ágil incluem maior satisfação com o que é entregue, maior rapidez para chegar ao mercado, qualidade maior, maior moral da equipe e melhor retorno do investimento em TI.

Serrador, Pedro; Gemino, Andrew; Reich, Blaize H.. "Creating a Climate for Project Success", *Journal of Modern Project Management* 6, 2018, pp. 38-47. <https://doi.org/10.19255/JMPM01604>.

O sucesso de projetos mostrou que tem relação com apoio da alta gerência, envolvimento de stakeholders, times com dedicação integral, suporte a métodos ágeis, reuniões frequentes com "product owners" e boa atitude de times.

Serrador, Pedro; Pinto, Jeffrey K. "Does Agile Work? A Quantitative Analysis of Agile Project Success", *International Journal of Project Management* 33, nº 5, 1º jul. 2015, pp. 1040-1051. <https://doi.org/10.1016/j.ijproman.2015.01.006>.

Os métodos ágeis têm impacto positivo na eficiência e na satisfação geral de stakeholders.

Standish Group. *CHAOS Report: Decision Latency Theory: It's All about the Interval*. Boston: Lulu.com, 2018. <https://www.standishgroup.com/store/>.

Projetos ágeis têm 60% mais probabilidade de sucesso do que tradicionais (42,5% *versus* 26%) e um terço da probabilidade de insucesso (8% *versus* 21%).

Relação não encontrada

Budzier, Alexander; Flyvbjerg, Bent. "Making Sense of the Impact and Importance of Outliers in Project Management through the Use of Power Laws". In: *Proceedings of International Research Network on Organizing by Projects at Oslo* 11, 1º jun. 2013. Nova York: SSRN, 2016. <https://ssrn.com/abstract=2289549>.

O desempenho médio de custos, prazos ou benefícios de grupo que adotou mais metodologias ágeis não diferiu significativamente.

Magazinius, Ana; Feldt, Robert. "Confirming Distortional Behaviors in Software Cost Estimation Practice". In: *Proceedings of the 37th EUROMICRO Conference on Software Engineering and Advanced Applications*, pp. 411-418. Institute of Electronics and Electronics Engineers, 3 nov. 2011. <https://doi.org/10.1109/SEAA.2011.61>.

O estudo examinou a variação entre empresas ágeis e não ágeis e constatou que a diferença observada no cumprimento de metas de prazo e orçamento e causas de insucesso entre duas metodologias não foi expressiva.

Inconclusivo

Dybå, Tore; Dingsøyr, Torgeir. "Empirical Studies of Agile Software Development: A Systematic Review", *Information and Software Technology* 50, nº 9-10, ago. 2008, pp. 833-859. <https://doi.org/10.1016/j.infsof.2008.01.006>.

Quatro estudos mostraram um aumento de 42% na produtividade de um time ágil em comparação com uma equipe tradicional (embora a qualidade dos estudos tenha sido baixa).

Eveleens, Johan; Verhoef, Chris. "The Rise and Fall of the Chaos Report Figures", *IEEE Software* 27, nº 1, jan.-fev. 2010, pp. 30-36. <https://doi.org/10.1109/MS.2009.154>.

Critica a metodologia do relatório Chaos do Standish Group, frequentemente citado quando se fala dos benefícios de métodos ágeis.

Lindvall, Mikael; Basili, Vic; Boehm, Barry; Costa, Patricia; Dangle, Kathleen; Shull, Forrest; Tesoriero, Roseanne et al. "Empirical Findings in Agile Methods". In: *Extreme Programming and Agile Methods-XP/Agile Universe 2002*, pp. 197-207. Berlim: Springer, 2002. <https://doi.org/10.1007/3-540-45672-4_19>.

Os benefícios da adoção do ágil incluíram avanços em colaboração com clientes, abordagem de defeitos e estimativa. As limitações incluíram suposta ineficiência da programação em par e negligência de problemas de desenho e arquitetura.

Os benefícios perduram quando o ágil é escalado para vários times

Relação encontrada

Atlas, Alan. "Accidental Adoption: The Story of Scrum at Amazon.com". In: *Agile 2009 Conference*, pp. 135-140. Institute of Electronics and Electronics Engineers, 25 set. 2009. <https://doi.org/10.1109/AGILE.2009.10>.

De 2004 a 2009, o Scrum foi adotado por grande parte das equipes de desenvolvimento de software na Amazon. Fatores cruciais para o sucesso da adoção incluíram cultura, pequeno porte de times, patrocinadores internos e treinamento.

Brown, Alan W. "A Case Study in Agile-at-Scale Delivery". In: *Agile Processes in Software Engineering and Extreme Programming. XP 2011. Lecture Notes in Business Information Processing* 77, pp. 266-291. Berlin: Springer, 2011. <https://doi.org/10.1007/978-3-642-20677-1_19>.

Descreve a expansão do ágil em um banco. Oito pilotos iniciais produziram melhorias em produtividade e qualidade.

Fry, Chris; Greene, Steve. "Large Scale Agile Transformation in an On-Demand World". In: *AGILE 2007*, pp. 136-142. Institute of Electronics and Electronics Engineers, 27 ago. 2007. <https://doi.org/10.1109/AGILE.2007.38>.

Descreve a adoção do ágil em escala na Salesforce.com. Em uma sondagem na organização, 80% acreditam que a nova metodologia de desenvolvimento está tornando sua equipe mais eficaz.

Furuhjelm, Jörgen; Segertoft, Johan; Justice, Joe; Sutherland, J. J. "Owning the Sky with Agile". Global Scrum Gathering, San

Diego, Califórnia, 10-12 abr. 2017. <https://www.scruminc.com/wp-content/uploads/2015/09/Release-version_Owning-the-Sky-with-Agile.pdf>.

Graças à adoção do ágil em escala, a Saab Defense produziu aeronaves com custo menor, maior rapidez e melhor qualidade.

Jørgensen, Magne. "Do Agile Methods Work for Large Software Projects?". In: *Agile Processes in Software Engineering and Extreme Programming. XP 2018. Lecture Notes in Business Information Processing* 314, pp. 179-190. Cham, Suíça: Springer, 2018. <https://doi.org/10.1007/978-3-319-91602-6_12>.

Projetos de software de médio e grande porte tiveram, em média, um desempenho muito melhor quando tocados com métodos ágeis do que com métodos não ágeis.

Kalenda, Martin; Hyna, Petr; Rossi, Bruno. "Scaling Agile in Large Organizations: Practices, Challenges, and Success Factors", *Journal of Software: Evolution and Process* 30, nº 10, 16 maio 2018. <https://doi.org/10.1002/smr.1954>.

Uma empresa global de software escalou o ágil com sucesso ao adaptar o processo às necessidades da empresa, ao manter uma mentalidade ágil e ao ter gente com experiência em times ágeis.

Knaster, R.; Leffingwell, D. *SAFe 4.0 Distilled: Applying the Scaled Agile Framework for Lean Software and Systems Engineering*. Boston: Addison Wesley, 2017.

Cita várias empresas que registraram avanços em qualidade, produtividade, engajamento do pessoal, time-to-market, execução de programas, alinhamento e transparência ao adotar o Scaled Agile Framework (SAFe) para escalar o ágil.

Korhonen, Kirsi. "Evaluating the Impact of an Agile Transformation: A Longitudinal Case Study in a Distributed Context", *Software Quality Journal* 21, 1º nov. 2012, pp. 599-624. <https://doi.org/10.1007/s11219-012-9189-4>.

A Nokia Siemens Networks aumentou a visibilidade e a capacidade de reagir a mudanças em requisitos, melhorou a qualidade do desenvolvimento de software e aumentou a motivação de funcionários.

Lagerberg, Lina; Skude, Tor; Emanuelsson, Pär; Sandahl, Kristian; Ståhl, Daniel. "The Impact of Agile Principles and Practices on Large-Scale Software Development Projects: A Multiple-Case Study of Two Projects at Ericsson". In: *2013 ACM/IEEE International Symposium on Empirical Software Engineering and Measurement*, pp. 348-356. Institute of Electronics and Electronics Engineers, 12 dez. 2013. <https://doi.org/10.1109/ESEM.2013.53>.

Segundo o estudo, a implementação do ágil contribuiu para o compartilhamento de conhecimentos, teve correlação com maior visibilidade de projeto e eficácia da coordenação e, possivelmente, com maior produtividade.

Paasivaara, Maria; Behm, Benjamin; Lassenius, Casper; Hallikainen, Minna. "Large-Scale Agile Transformation at Ericsson: A Case Study", *Empirical Software Engineering* 23, 11 jan. 2018, pp. 2550-2596. <https://doi.org/10.1007/s10664-017-9555-8>.

Descreve como a Ericsson adotou o ágil em um novo programa de P&D para desenvolvimento de produtos e, ao mesmo tempo, escalou de forma enérgica o modelo. Entre os fatores cruciais do sucesso estão mentalidade ágil, mudanças gradativas (*versus* "big-bang") e customização do método de escala na empresa.

Schnitter, Joachim; Mackert, Olaf. "Large-Scale Agile Software Development at SAP AG". In: *Evaluation of Novel Approaches to Software Engineering. Communications in Computer and Information Science*, pp. 209-220. Berlim: Springer, 2011. <https://doi.org/10.1007/978-3-642-23391-3_15>.

A SAP escalou o ágil para 18 mil desenvolvedores em 12 instalações espalhadas pelo mundo. Embora a implementação tenha sido difícil, o ágil produziu consideráveis avanços na transparência e na comunicação informal.

Vaidya, Aashish. "Does DAD Know Best, Is It Better to Do LeSS or Just Be SAFe? Adapting Scaling Agile Practices into the Enterprise". Apresentação na Pacific Northwest Software Quality Conference, Portland, Oregon, 20-22 out. 2014. <http://www.uploads.pnsqc.org/2014/Papers/t-033_Vaidya_paper.pdf>.

A Cambia Health Solutions implementou o Scrum e outras práticas ágeis em mais de 40 equipes. Entre os benefícios estão melhores processos de entrega e práticas de qualidade.

Inconclusivo

Bjarnason, Elizabeth; Wnuk, Krzysztof; Regnell, Björn. "A Case Study on Benefits and Side-Effects of Agile Practices in Large-Scale Requirements Engineering". In: *Proceedings of the 1st Agile Requirements Engineering Workshop*, pp. 1-5. Nova York: ACM, 2011. <https://doi.org/10.1145/2068783.2068786>.

Os resultados indicam que as práticas ágeis resolvem (pelo menos em parte) diversos problemas e dificuldades relacionados à engenharia de requisitos tradicional no desenvolvimento de software em larga escala, embora também tragam novos desafios.

Conboy, Kieran; Carroll, Noel. "Implementing Large-Scale Agile Frameworks: Challenges and Recommendations", *IEEE Software* 36, nº 2, mar.-abr. 2019, pp. 44-50. <https://doi.org/10.1109/MS.2018.2884865>.

Descreve desafios para escalar o ágil e dá recomendações para mitigá-los.

Dikert, Kim; Paasivaara, Maria; Lassenius, Casper. "Challenges and Success Factors for Large-Scale Agile Transformations: A Systematic Literature Review", *Journal of Systems and Software* 119, set. 2016, pp. 87-108. <https://doi.org/10.1016/j.jss.2016.06.013>.

Identifica dificuldades e fatores de sucesso para transformações ágeis em larga escala.

Moe, Nils; Dahl, Bjørn; Stray, Viktoria; Karlsen, Lina Sund; Schjødt-Osmo, Stine. "Team Autonomy in Large-Scale Agile", ScholarSpace, 8 jan. 2019. <https://doi.org/10.24251/HICSS.2019.839>.

O estudo encontrou obstáculos à autonomia de times ao escalar o ágil e sugeriu maneiras de mitigá-los.

Paasivaara, Maria. "Adopting SAFe to Scale Agile in a Globally Distributed Organization". In: *Proceedings of 2017 IEEE 12th International Conference on Global Software Engineering*, pp. 36-40. Institute of Electronics and Electronics Engineers, 17 jul. 2017. <https://doi.org/10.1109/ICGSE.2017.15>.

Mostra como a Comptel, uma empresa internacional de software distribuído, adotou o framework SAFe em duas linhas de negócios. A segunda linha de negócios registrou mais sucesso devido a aprendizados da primeira linha.

Paasivaara, Maria; Lassenius, Casper. "Scaling Scrum in a Large Globally Distributed Organization: A Case Study". In: *2016 IEEE 11th International Conference on Global Software Engineering*, pp. 74-83. Institute of Electronics and Electronics Engineers, 29 set. 2016. <https://doi.org/10.1109/ICGSE.2016.34>.

Comercialmente falando, a transformação ágil foi um sucesso, mas o time não tinha uma mentalidade ágil, não adotou todas as práticas importantes sugeridas pelo framework LeSS e a coordenação entre equipes foi insuficiente.

Paasivaara, Maria; Lassenius, Casper; Heikkilä, Ville T. "Inter-Team Coordination in Large-Scale Globally Distributed Scrum: Do Scrum-of-Scrums Really Work?". In: *Proceedings of the 2012 ACMIEEE International Symposium on Empirical Software Engineering and Measurement*, pp. 236-238. Nova York: ACM, 2012. <https://doi.org/10.1145/2372251.2372294>.

As reuniões Scrum-of-Scrum com a participação de representantes de todas as equipes tiveram sérios problemas. As reuniões de times cujos participantes tinham objetivos e interesses comuns foram mais produtivas.

O ágil funciona além de TI
Relação encontrada
CMG Partners. *Sixth Annual CMO's Agenda: The Agile Advantage*. CMOs Agenda, 2013. <https://cmosagenda.com/always-always-agile>.

Os benefícios da adoção do ágil no marketing incluem maior velocidade, capacidade de adaptação, produtividade, priorização e habilidade de produzir resultados centrados no cliente.

Fryrear, Andrea. "State of Agile Marketing", AgileSherpas. Acesso em: 18 dez. 2019. <https://www.agilesherpas.com/state-of-agile-marketing-2019/>.

Dos participantes, 32% estão adotando pelo menos algum aspecto de metodologias ágeis no marketing; 50% pretendem adotar a agilidade no próximo ano. Entre os benefícios estão capacidade de adaptação, melhor qualidade e maior velocidade.

Furuhjelm, Jörgen; Segertoft, Johan; Justice, Joe; Sutherland, J. J. "Owning the Sky with Agile", Global Scrum Gathering, San Diego, Califórnia, 10-12 abr. 2017. <https://www.scruminc.com/wp-content/uploads/2015/09/Release-version_Owning-the-Sky-with-Agile.pdf>.

A Saab Defense adotou um processo ágil para coordenar equipes de hardware e software na produção de um novo caça multifuncional, o JAS 39E Saab Gripen. O projeto foi entregue com custo menor, prazo menor e maior qualidade.

McFarland, Keith R. "Should You Build Strategy Like You Build Software?", *MIT Sloan Management Review* 49, nº 3, 2009, pp. 69-74. <https://sloanreview.mit.edu/article/should-you-build-strategy-like-you-build-software/>.

A distribuidora de alimentos Shamrock Foods Company teve sucesso na implementação de um modelo espiral de planejamento, uma abordagem ágil ao planejamento estratégico.

Petrini, Stefano; Muniz Jr., Jorge "Scrum Management Approach Applied in Aerospace Sector". Apresentação na IIE Annual Conference, Montreal, Canadá, 31 maio-3 jun. 2014.

O uso do Scrum em testes de sistema de componentes de aeronaves mostrou maior eficiência, adaptabilidade, visibilidade e motivação da equipe.

Raubenolt, Amy. "An Analysis of Collaborative Problem-Solving Mechanisms in Sponsored Projects: Applying the 5-Day Sprint Model", *Journal of Research Administration* 47, nº 2, 2016, pp. 94-111. <https://files.eric.ed.gov/fulltext/EJ1152255.pdf>.

Um departamento (The Office of Finance and Sponsored Projects at the Research Institute) de um hospital pediátrico nos Estados Unidos (Nationwide Children's Hospital) fez uma sprint de cinco dias para redesenhar um processo de informe de dados. O feedback da sprint foi muito positivo: todos os times indicaram que recomendariam o modelo de sprints para resolver problemas futuros.

Scheuermann, Constantin; Verclas, Stephan; Bruegge, Bernd. "Agile Factory – An Example of an Industry 4.0 Manufacturing Process". In: *2015 IEEE 3rd International Conference on CyberPhysical Systems, Networks, and Applications*, pp. 43-47. Institute of Electronics and Electronics Engineers, 21 set. 2015. <https://doi.org/10.1109/CPSNA.2015.17>.

Descreve o sucesso no desenvolvimento de um protótipo de Agile Factory para transferir técnicas de engenharia de software ágil para o universo da manufatura.

Serrador, Pedro; Pinto, Jeffrey K. "Does Agile Work? A Quantitative Analysis of Agile Project Success", *International Journal of Project Mana-*

gement 33, nº 5, jul. 2015, pp. 1040-1051. <https://doi.org/10.1016/j.ijproman.2015.01.006>.

Uma amostra de dados de 1.002 projetos em distintos setores, países e modalidades de projetos mostrou que, quanto mais ágil/iterativa a abordagem (relatada), maior o sucesso do projeto (relatado).

Skinner, Ryan; Pilecki, Mary; Parrish, Melissa; Wizdo, Lori; Liu, Jessica; Asarpota, Chahiti; Turley, Christine. *Agile Methodology Embeds Customer Obsession in Marketing*, Forrester, 1º jul. 2019. <https://www.forrester.com/report/Agile+Methodology+Embeds+Customer+Obsession+In+Marketing/-/E-RES139938>.

Dá exemplos de empresas que adotaram princípios e práticas ágeis no marketing. Os benefícios incluem maior foco, velocidade de chegada ao mercado, capacidade de responder a mudanças e realismo sobre capacidade do time.

Sommer, Anita Friis; Hedegaard Christian; Dukovska-Popovska, Iskra; Steger-Jensen, Kenn. "Improved Product Development Performance through Agile/Stage-Gate Hybrids: The Next-Generation Stage-Gate Process?", *Research-Technology Management* 58, 28 dez. 2015, pp. 34-45. <https://doi.org/10.5437/08956308X5801236>.

As cinco empresas que implementaram híbridos de ágil/stage-gate relataram efeitos positivos expressivos, incluindo mais eficiência, menos iterações de processos, maior visibilidade, metas mais bem definidas, menos queixas de clientes, maior senso de responsabilidade da equipe e moral elevado.

Sutherland, Jeff; Sutherland, J. J. *Scrum: The Art of Doing Twice the Work in Half the Time*. Nova York: Crown Business, 2014. [Ed. brasileira:

Scrum: A arte de fazer o dobro do trabalho na metade do tempo. Rio de Janeiro: Sextante, 2019.]

Traz exemplos de organizações que implementaram o Scrum com sucesso em diversas áreas e setores. Na Holanda, por exemplo, o uso do Scrum em escolas melhorou em 10% o desempenho de alunos em testes.

Van Solingen, Rini; Sutherland, Jeff; de Waard, Denny. "Scrum in Sales: How to Improve Account Management and Sales Processes". In: *Agile 2011 Conference*, pp. 284-288, Institute of Electronics and Electronics Engineers, 20 ago. 2011. <https://doi.org/10.1109/AGILE.2011.12>.

Os benefícios da adoção do Scrum na gestão de vendas e contas incluíram aumento da receita, automotivação do time e previsibilidade de vendas.

Willeke, Marian H. H. "Agile in Academics: Applying Agile to Instructional Design". In: *Agile 2011 Conference*, pp. 246-251, Institute of Electronics and Electronics Engineers, 30 ago. 2011. <https://doi.org/10.1109/AGILE.2011.17>.

O uso do ágil na elaboração do currículo aumentou a produtividade e a motivação do pessoal.

Inconclusivo

Ahmed-Kristensen, Saeema; Daalhuizen, Jaap. "Pioneering the Combined Use of Agile and Stage-Gate Models in New Product Development – Cases from the Manufacturing Industry", *Proceedings of Innovation & Product Development Management Conference*, Copenhague, Dinamarca, 14-16 jun. 2015. <https://pdfs.semanticscholar.org/a53d/1f7909c01c8626b8da9dfa5ae7214f6e658b.pdf>.

A agilidade permitiu a identificação mais rápida da necessidade de alterar requisitos e melhorou a troca informal de conhecimentos. A lista de desafios incluiu entender como permanecer ágil e aceitar mudanças em requisitos de design seguindo, ao mesmo tempo, normas rígidas.

Empresas ágeis podem melhorar resultados

Relação encontrada

Appelbaum, Steven; Calla, Rafael; Desautels, Dany; Hasan, Lisa N. "The Challenges of Organizational Agility: Part 2", *Industrial and Commercial Training* 49, nº 2, 6 fev. 2017, pp. 69-74. <https://doi.org/10.1108/ICT-05-2016-0028>.

A agilidade organizacional permite que os funcionários respondam de forma proativa a mudanças inesperadas no ambiente, mas é difícil. Requer mudanças na liderança, na dinâmica da tomada de decisões, em habilidades e em relacionamentos interpessoais.

Business Agility Institute. *2019 Business Agility Report: Raising the B.A.R.*, 2 ed. Business Agility Institute. <https://businessagility.institute/learn/2019-business-agility-report-raising-the-bar/>.

Os benefícios relatados da agilidade da empresa incluíam maior satisfação do cliente, maior satisfação do pessoal e melhor desempenho no mercado.

Denning, S. *The Age of Agile: How Smart Companies Are Transforming the Way Work Gets Done*. Nova York: AMACOM, 2018.

Dá exemplos de empresas ágeis (ou em meio à transição para se tornarem empresas ágeis) e de seu sucesso devido a avanços em qualidade, inovação e velocidade de lançamento no mercado.

Glenn, Marie. *Organisational Agility: How Business Can Survive and Thrive in Turbulent Times*. Economist Intelligence Unit, CFO Innovation, 1º mar. 2010. <https://www.cfoinnovation.com/organisational-agility-how-business-can-survive-and-thrive-turbulent-times>.

Quase 90% dos executivos entrevistados consideram que a agilidade organizacional é fundamental para o sucesso da empresa. Cita estudos sugerindo que crescimento da receita em empresas ágeis é 37% mais acelerado e o lucro, 30% maior do que em empresas não ágeis.

Project Management Institute. "Achieving Greater Agility: The People and Process Drivers that Accelerate Results", Project Management Institute, set. 2017. <https://www.pmi.org/learning/thought-leadership/pulse/agile-project>.

Organizações com alta agilidade relatam que mais projetos cumprem metas e intenções de resultados originais; registram crescimento maior da receita, com 75% relatando um mínimo de 5% no ano; e dão mais atenção a fatores críticos envolvendo pessoas e processos.

Saha, Nibedita; Gregar, Ales; Sáha, Petr. "Organizational Agility and HRM Strategy: Do They Really Enhance Firms' Competitiveness?", *International Journal of Organizational Leadership* 6, 2017, pp. 323-334. <https://doi.org/10.33844/ijol.2017.60454>.

O estudo sugere que maior atenção (agilidade de percepção), capacidade de resposta (agilidade na tomada de decisões) e prontidão organizacional (agilidade na atuação) promovem competência individual, aprendizado organizacional e inovação organizacional.

Sutherland, J. J. *The Scrum Fieldbook: A Master Class on Accelerating Performance, Getting Results, and Defining the Future*. Nova York: Currency, 2019. [Ed. brasileira: *Scrum: guia prático*. Rio de Janeiro: Sextante, 2020.]

Dá exemplos e descreve vantagens de ser uma empresa "renaissance": uma empresa que escala o Scrum por toda a organização.

Yang, Chyan; Liu, Hsian-Ming. "Boosting Firm Performance via Enterprise Agility and Network Structure", *Management Decision* 50, 22 jun. 2012, pp. 1022-1044. <https://doi.org/10.1108/00251741211238319>.

Os resultados mostram que a capacidade de agilidade de uma empresa e sua estrutura de rede são essenciais para o desempenho da organização. Além disso, empresas com maior agilidade são mais capazes de explorar a estrutura da rede.

Inconclusivo

Ries, Eric. *The Startup Way: How Modern Companies Use Entrepreneurial Management to Transform Culture and Drive Long-Term Growth*. Nova York: Currency, 2017. [Ed. brasileira: *O estilo startup: Como as empresas modernas usam o empreendedorismo para transformar sua cultura e impulsionar seu crescimento*. Rio de Janeiro: Sextante, 2019.]

Traz exemplos de empresas que adotaram princípios ágeis e de empreendedorismo para aumentar receita e promover a inovação; no entanto, a GE, um exemplo de destaque no livro, vem sofrendo queda histórica nas bolsas desde a adoção das práticas da startup enxuta.

Notas

Introdução

1. De 101.592 desenvolvedores de software ouvidos em uma pesquisa internacional, 85,9% disseram usar métodos ágeis no trabalho. "Developer Survey Results, 2018", Stack Overflow, <https://insights.stackoverflow.com/survey/2018#development-practices>. Acesso em: 9 dez. 2019.
2. Sears Holdings, "Sears Holdings Outlines Next Phase of Its Strategic Transformation", comunicado de imprensa, 10 fev. 2017, <https://searsholdings.com/press-releases/pr/2030>.
3. Ver o clássico de Max Weber, *A ética protestante e o espírito do capitalismo*. Há várias edições disponíveis nas livrarias.
4. Frederick Winslow Taylor, *Princípios de administração científica*. [A edição brasileira mais recente é de 2020, da LTC.]
5. Ver Dominic Barton, Dennis Carey e Ram Charan, "One Bank's Agile Team Experiment", *Harvard Business Review*, mar.-abr. 2018, pp. 59-61.
6. Anthony Mersino, "Agile Project Success Rates 2X Higher than Traditional Projects (2019)", Vitality Chicago, 1º abr. 2018,

<https://vitalitychicago.com/blog/agile-projects-are-more-successful-traditional-projects/>.

Capítulo 1

1. Hirotaka Takeuchi e Ikujiro Nonaka, "The New New Product Development Game", *Harvard Business Review*, jan.-fev. 1986, pp. 137-146.
2. Takeuchi e Nonaka, "The New New Product Development Game", p. 137.
3. James O. Coplien, "Borland Software Craftsmanship: A New Look at Process, Quality and Productivity", em *Proceedings of the 5th Annual Borland International Conference*, Orlando, Flórida, 5 jun. 1994, <https://pdfs.semanticscholar.org/3a09/1c3f265de024b18ccbf88a6aead223133e39.pdf>.
4. Steven L. Goldman, Roger N. Nagel e Kenneth Preiss, *Agile Competitors and Virtual Organizations: Strategies for Enriching the Customer*. Nova York: John Wiley, 1994.
5. Manifesto ágil disponível em <https://agilemanifesto.org/>. Acesso em: 30 dez. 2019.
6. Darrell K. Rigby, Jeff Sutherland e Hirotaka Takeuchi, "Embracing Agile: How to Master the Process That's Transforming Management", *Harvard Business Review*, maio 2016, pp. 40-50.
7. Rigby, Sutherland e Takeuchi, "Embracing Agile", p. 42.

Capítulo 2

1. Sebastian Wagner, entrevista em pessoa, 2017.
2. F. Scott Fitzgerald, "The Crack-Up", publicado originalmente na *Esquire*, fev., mar. e abr., 1936.
3. Bart Schlatmann e Peter Jacobs, "ING's Agile Transformation", entrevista feita por Deepak Mahadevan, *McKinsey Quarterly*, jan.

2017, <https://www.mckinsey.com/industries/financial-services/our-insights/ings-agile-transformation?>.
4. Tammy Sparrow, entrevistas por telefone, 17 e 27 nov. 2017.
5. Ver CollabNet VersionOne, *13th Annual State of Agile Report*, 7 maio 2019, <https://www.stateofagile.com/#ufh-i-521251909-13th-annual-state-of-agile-report/473508>.
6. Henrik Kniberg e Anders Ivarsson, "Scaling Agile @ Spotify with Tribes, Squads, Chapters & Guilds", out. 2012, <https://blog.crisp.se/wp-content/uploads/2012/11/SpotifyScaling.pdf>.

Capítulo 3

1. Mark Allen, "Mark Allen Interview on Heart Rate Training and Racing", entrevista feita por Floris Gierman, Extramilest, 2 jul. 2015, <https://extramilest.com/blog/mark-allen-interview-on-training-and-racing/>.
2. Allen, "Mark Allen Interview".
3. Susan Lacke, "Mark Allen Voted Greatest American Triathlete of All Time", 7 maio 2018, Ironman, <https://www.ironman.com/news_article/show/1042292>.
4. Michael Sheetz, "Technology Killing Off Corporate America: Average Life Span of Companies under 20 Years", CNBC, 24 ago. 2017, <https://www.cnbc.com/2017/08/24/technology-killing-off-corporations-average-lifespan-of-company-under-20-years.html>; <https://www.innosight.com/insight/creative-destruction/>.
5. Max Marmer e Ertan Dogrultan, "Startup Genome Report Extra on Premature Scaling", mar. 2012, <https://s3.amazonaws.com/startupcompass-public/StartupGenomeReport2_Why_Startups_Fail_v2.pdf>.
6. Ver, por exemplo, Kate Taylor e Benjamin Goggin, "49 of the Biggest Scandals in Uber's History", *Business Insider*, 10 maio 2019, <https://www.businessinsider.com/uber-company-scandals-and-

controversies-2017-11>; Sam Levin, "Uber's Scandals, Blunders and PR Disasters: The Full List", *Guardian*, 27 jun. 2017, <https://www.theguardian.com/technology/2017/jun/18/uber-travis-kalanick-scandal-pr-disaster-timeline>.

7. Cadie Thompson, "Elon Musk on Missing Model 3 Production Deadlines", *Business Insider*, 9 dez. 2018, <https://www.businessinsider.com/elon-musk-blames-missed-model-3-production-targets-stupidity-2018-12?nr_email_referer=1&utm_source=Sailthru&utm_medium=email&utm_content=Tech_select>.

8. Dan Lovallo e Daniel Kahneman, "Delusions of Success: How Optimism Undermines Executives' Decisions", *Harvard Business Review*, jul. 2003, pp. 56-63.

9. Dan Gardner e Philip E. Tetlock, *Superforecasting: The Art and Science of Prediction*. Nova York: Broadway Books, 2016. [Ed. brasileira: *Superprevisões: A arte e a ciência de antecipar o futuro*. Rio de Janeiro: Objetiva, 2016.]

10. A missão aparece no site da empresa: <https://www.warbyparker.com/history>. Acesso em: 2 jan. 2020.

11. "Barnes & Noble Mission Statement and/or Vision Statement", <http://www.makingafortune.biz/list-of-companies-b/barnes-&-noble.htm>. Acesso em: 10 dez. 2019. Em 2019, havia uma versão atualizada e simplificada dessa declaração no site da Barnes & Noble: "A missão da Barnes & Noble é operar a melhor varejista omnichannel especializada dos Estados Unidos, ajudando tanto nossos clientes como nossos livreiros a ver suas aspirações concretizadas e ser, ao mesmo tempo, um aporte a nossas comunidades". Ver <https://www.barnesandnobleinc.com/about-bn/>. Acesso em: 2 jan. 2020.

12. Lista completa disponível na Wikipedia, "Ironman World Championship", última atualização em 19 out. 2019, <https://en.wikipedia.org/wiki/Ironman_World_Championship>.

13. Dados fornecidos por Allen, "Mark Allen Interview".

Capítulo 4

1. Daniela Kraemer, entrevista por telefone, 1º abr. 2019.
2. Henk Becker, entrevista por telefone, 2 maio 2019.
3. Ver Douglas McGregor, *The Human Side of Enterprise*. Nova York: McGraw-Hill, 1985. Publicado originalmente em 1960. [Ed. brasileira: *O lado humano da empresa*. São Paulo: Martins Fontes, 1980.]
4. Amar V. Bhidé, *The Origin and Evolution of New Businesses*. Nova York: Oxford University Press, 2000.
5. Douglas McGregor, *The Professional Manager*. Nova York: McGraw-Hill, 1967, p. 163.
6. David Ricardo, *On the Principles of Political Economy and Taxation*. Mineola, NY: Dover, 2004. [Ed. brasileira: *Princípios de economia política e tributação*. São Paulo: Nova Cultural, 1985.]
7. Anne Kathrin Gebhardt, diversas entrevistas feitas pessoalmente e por telefone a partir de 15 abr. 2019.

Capítulo 5

1. Manifesto ágil disponível em <https://agilemanifesto.org/>. Acesso em: 30 dez. 2019.
2. Jeff Bezos, "2016 Letter to Shareholders", <https://blog.aboutamazon.com/company-news/2016-letter-to-shareholders>. Acesso em: 3 jan. 2020.
3. Darrell K. Rigby, Jeff Sutherland e Andy Noble, "Agile at Scale", *Harvard Business Review*, maio-jun. 2018, p. 95.

Capítulo 6

1. Alfred D. Chandler Jr., *Strategy and Structure: Chapters in the History of the Industrial Enterprises*. Cambridge, Mass.: MIT Press, 1962, p. 314.
2. Daniela Kraemer, entrevista por telefone, 1º abr. 2019.
3. "Help Increase the GDP of the Internet", Stripe, <https://stripe.com/jobs>. Acesso em: 3 jan. 2020.
4. "A Quick Guide to Stripe's Culture", Stripe, <https://stripe.com/jobs/culture>. Acesso em: 6 jan. 2020.
5. Michael Mankins e Eric Garton, *Time, Talent, Energy*. Boston: Harvard Business Review Press, 2017. [Ed. brasileira: *Tempo, talento, energia*. São Paulo: Figurati, 2017.]
6. Henk Becker, entrevista por telefone, 2 maio 2019.
7. Becker, entrevista por telefone.
8. Anne Lis, entrevista por telefone, 2 maio 2019.
9. Mankins e Garton, *Time, Talent, Energy*, p. 127.
10. Mankins e Garton, *Time, Talent, Energy*, p. 120.

Capítulo 7

1. Les Matheson, entrevista, Edimburgo, 17 nov. 2019.
2. Matheson, entrevista.
3. Frans Woelders, entrevista, Edimburgo, 5 nov. 2019.
4. Elizabeth Swan e Tracy O'Rourke, *The ProblemSolver's Toolkit: A Surprisingly Simple Guide to Your Lean Six Sigma Journey*. Seattle: Amazon Digital Services, 2018.
5. Hongyi Chen e Ryan Taylor, "Exploring the Impact of Lean Management on Innovation Capability", em *Proceedings of PICMET '09 – Technology Management in the Age of Fundamental Change*, Portland International Center for Management of Engineering and Technology. Nova York: Institute of Electrical and Electronics Engineers, 2009, pp. 816-824.

6. Steve Blank, "When Startups Scrapped the Business Plan", entrevista feita por Curt Nickisch, *Harvard Business Review*, 23 ago. 2017, <https://hbr.org/ideacast/2017/08/when-startups-scrapped-the-business-plan.html>.
7. Eric Ries, *The Lean Startup: How Today's Entrepreneurs Use Continuous Innovation to Create Radically Successful Businesses*. Nova York: Crown Publishing, 2011, edição Kindle, p. 4. [Ed. brasileira: *A startup enxuta: Como usar a inovação contínua para criar negócios radicalmente bem-sucedidos*. Rio de Janeiro: Sextante, 2019.]
8. Marty Cagan, *Inspired: How to Create Tech Products Customers Love*. Nova York: Wiley, 2017, edição Kindle, p. 49.

Capítulo 8

1. Quando uma reunião (ou parte dela) é regida pela Chatham House Rule, os participantes são autorizados a usar as informações recebidas, mas não a divulgar a identidade e a filiação da fonte da informação e a de qualquer outro participante da reunião". Ver "Chatham House Rule", <https://www.chathamhouse.org/chatham-house-rule>. Acesso em: 30 dez. 2019.
2. George Anders, "Inside Amazon's Idea Machine: How Bezos Decodes Customers", *Forbes*, 23 abr. 2012, <https://www.forbes.com/sites/georgeanders/2012/04/04/inside-amazon/#1058738b6199>.
3. Missão publicada no site da Amazon. "Come Build the Future with Us", <https://www.amazon.jobs/en/working/working-amazon>. Acesso em: 30 dez. 2019.
4. Princípios publicados no site da Amazon. "Leadership Principles", <https://www.amazon.jobs/en/principles>. Acesso em: 30 dez. 2019.
5. Eugene Kim, "Jeff Bezos to Employees: 'One Day, Amazon Will Fail,' but Our Job Is to Delay It as Long as Possible", CNBC, 15

nov. 2018, <https://www.cnbc.com/2018/11/15/bezos-tells-employees-one-day-amazon-will-fail-and-to-stay-hungry.html>.
6. Jack Welch, "Speed, Simplicity, Self-Confidence: An Interview with Jack Welch", entrevista feita por Noel Tichy e Ram Charan, *Harvard Business Review*, set.-out. 1989, p. 113.
7. Amar V. Bhidé, *The Origin and Evolution of New Businesses*. Nova York: Oxford University Press, 2000, p. 61.
8. Fred Wilson, "Why Early Stage Venture Investments Fail", Union Square Ventures (USV), 30 nov. 2007, <https://www.usv.com/writing/2007/11/why-early-stage-venture-investments-fail/>.
9. Daniel Kahneman, *Thinking, Fast and Slow*. Nova York: Farrar, Straus and Giroux, 2013, edição Kindle, p. 207. [Ed. brasileira: *Rápido e devagar: Duas formas de pensar*. Rio de Janeiro: Objetiva, 2012.]
10. Teresa Amabile e Steven J. Kramer, "The Power of Small Wins", *Harvard Business Review*, maio 2011, <https://hbr.org/2011/05/the-power-of-small-wins>.

Agradecimentos

O ágil é, na essência, um trabalho colaborativo em equipe, e este livro só reforça o quanto o verdadeiro trabalho em equipe pode ser valioso, inspirador e prazeroso.

Somos imensamente gratos pelo generoso apoio recebido de muitos de nossos sócios e colegas da Bain & Company. Embora seja impossível agradecer a cada indivíduo que contribuiu com seu tempo, seu trabalho ou sua experiência pessoal para este projeto, seria uma falta indesculpável não mencionar a contribuição de Tareq Barto, Matt Crupi, Imeyen Ebong, Arun Ganti, Josh Hinkel, Darren Johnson, Phil Kleweno, Michael Mankins, Prasad Sulur Narasimhan, Andy Noble, Eduardo Roma, Dan Schwartz, Herman Spruit, Jess Tan, Chuck Whitten e Chris Zook. Queremos agradecer a todos os profissionais de práticas e especialistas da Bain – principalmente a Annie Howard, Ludovica Mottura e Kristin Ronan Thorpe – que aplicaram seu conhecimento e suas análises rigorosas para sustentar nossa tese e sugerir questionamentos. Somos gratos ao conselho editorial interno da Bain – James Allen, Mike Baxter, Eric Garton, Patrick Litre, Will Poindexter e Erika Serow –, que achou um tempo em sua agenda já repleta para ler as primeiras versões e melhorar o resultado final. Também agradecemos o trabalho da equipe de arte da Bain, liderada por Dawn

Pomeroy Briggs, e somos imensamente gratos ao time editorial da empresa – sobretudo John Case, Paul Judge e Maggie Locher –, que tanto tempo dedicou a nos ajudar a imprimir mais clareza e exatidão a nosso raciocínio e a nosso texto.

Agradecemos a Jeff Kehoe e Melinda Merino, nossos editores da Harvard Business Review Press, pelo incentivo para que escrevêssemos o livro, pela ajuda em obter o feedback de especialistas no ágil e pela orientação inestimável na edição do manuscrito. Também agradecemos o apoio da especialista em design da editora, Stephani Finks.

Somos profundamente gratos às centenas de praticantes do ágil que, de forma generosa, aberta e franca, relataram sua experiência para adicionar contexto e exemplos ao livro. Infelizmente a questão da confidencialidade de clientes e a restrição de espaço nos impedem de citar o nome de cada um deles. A comunidade ágil é um grupo especial de gente altamente inspirada. É gente que realmente exemplifica os ideais do manifesto ágil, descobrindo, com a prática, maneiras melhores de trabalhar de forma ágil – e ajudando outros a fazê-lo. Agradecemos àqueles que participam da Agile Enterprise Exchange da Bain, um grupo de mais de 40 executivos seniores de uma ampla gama de setores, regiões e áreas de especialização que se reúnem regularmente, mantêm contato constante e trocam ideias abertamente sobre suas vitórias e desafios. Essa rede está ajudando o ágil a se tornar uma tendência valiosa e sustentável. Grande parte da sabedoria coletiva desse grupo ajudou a moldar este livro, e somos gratos a seus integrantes pelo apoio generoso que estão dando, dentro e fora do grupo, para que o ágil seja feito do jeito certo.

Por fim, devemos agradecer a todos os membros das famílias Berez, Elk e Rigby pela paciência e pelo apoio nesse processo. Durante todo o tempo que dedicamos à pesquisa e à redação deste livro – à noite, em fins de semana e até durante as férias –, o amor e o apoio da família nunca nos faltaram. Não há time mais importante do que esse, nossa família.